Chakresh Kumar
Ghanendra Kumar

Ameaças persistentes sofisticadas e exame forense eletrónico

Chakresh Kumar
Ghanendra Kumar

Ameaças persistentes sofisticadas e exame forense eletrónico

ScienciaScripts

Cover image: www.ingimage.com

This book is a translation from the original published under ISBN 978-620-8-11710-8.

Publisher:
Sciencia Scripts
is a trademark of
Dodo Books Indian Ocean Ltd. and OmniScriptum S.R.L publishing group

120 High Road, East Finchley, London, N2 9ED, United Kingdom
Str. Armeneasca 28/1, office 1, Chisinau MD-2012, Republic of Moldova, Europe
Printed at: see last page
ISBN: 978-620-8-16125-5

ÍNDICE DE CONTEÚDO

INTRODUÇÃO

*A **Fusão de Informações e Operações Estratégicas, IFSO (NCFL)** da Polícia de Deli funciona sob a alçada da Célula Especial e é uma unidade especializada que trata de todos os casos complexos e sensíveis de cibercriminalidade, incluindo aqueles em que as vítimas são mulheres e crianças.*

O meu principal objetivo ao realizar o meu estágio na IFSO, Nova Deli, é adquirir conhecimentos práticos sobre a forma como um investigador cibernético efectua a investigação e qual o software e hardware utilizados na investigação cibernética forense quando ocorre um crime cibernético e como exatamente o investigador concebe a abordagem e recolhe todas as provas para apanhar o criminoso cibernético e apresentá-las em tribunal.

TAREFAS E RESPONSABILIDADES

No meu estágio, o departamento atribuiu-me várias tarefas e, de todas as tarefas atribuídas até agora, concluí com êxito algumas delas e também lhes forneci o resultado necessário, que também apresentei neste relatório.

A minha primeira tarefa foi recuperar um ficheiro eliminado de um determinado dispositivo de armazenamento, para o que utilizei uma ferramenta forense chamada "FTK IMAGER".

A minha segunda tarefa foi analisar a MFT (Master File Table) de um determinado dispositivo de armazenamento, para o que utilizei várias ferramentas como o "FTK IMAGER" e o "MFT VIEWER".

A minha terceira tarefa era ler e analisar com êxito o ficheiro "NTUSER.DAT" do sistema em causa e também ler e analisar com êxito todos os "REGISTRY LOGS" do sistema em causa, juntamente com as respectivas localizações, para o que recorri à ajuda do Python Coding.

A responsabilidade que me foi dada foi a de começar por criar um código que lesse e analisasse com sucesso o "Ficheiro NTUSER.DAT", bem como todos os "REGISTRY LOGS" do sistema e agora a minha próxima tarefa, na qual estou a trabalhar atualmente, é separar com sucesso todos os registos que foram analisados dos Registos do Registo e fornecer a sua localização exacta com o seu carimbo de data/hora.

CAPÍTULO 1

PROJECTOS NO ESTÁGIO

1.1 ANÁLISE FORENSE DIGITAL

Uma subárea da ciência forense denominada "forense digital" estuda, recupera, analisa e apresenta provas digitais de dispositivos electrónicos como computadores, tablets, smartphones e outros suportes de armazenamento digital. O seu objetivo é encontrar e analisar informações que possam ser utilizadas como prova em processos judiciais ou investigações.

Eis alguns aspectos fundamentais da investigação forense digital:

• Tipos de provas digitais: Várias formas de provas digitais, como ficheiros, e-mails, registos, metadados, histórico da Internet e tráfego de rede, são tratadas pela perícia digital. Os discos rígidos, as unidades de estado sólido (SSD), as unidades USB, o armazenamento na nuvem e outros dispositivos de armazenamento contêm todas estas provas.

• Processo forense: Nas investigações forenses digitais é normalmente seguido um procedimento padronizado, que inclui a identificação, preservação, análise e apresentação de provas digitais. Este procedimento garante a preservação da integridade das provas e a sua capacidade de serem apresentadas com sucesso em tribunal.

• Ferramentas e técnicas: Os profissionais forenses digitais recolhem, examinam e decifram provas digitais utilizando ferramentas e métodos de software específicos. Estas ferramentas podem ser software de recuperação de dados, ferramentas de análise de rede, ferramentas de imagiologia forense ou software de análise forense.

• Considerações legais e éticas: Os requisitos legais e éticos devem ser respeitados nas investigações forenses digitais. Para aceder a provas digitais, os investigadores precisam de ter a autoridade adequada. Também precisam de proteger a integridade das provas durante a investigação e respeitar o direito à privacidade das pessoas.

• Aplicações: Inúmeras situações exigem a aplicação da perícia digital, incluindo segurança empresarial, resposta a incidentes, investigações criminais, litígios civis e conformidade regulamentar. Pode ajudar na localização de provas de fraude, roubo de propriedade intelectual, comportamento incorreto de funcionários, cibercrimes e outras infracções que utilizem tecnologia digital.

• Desafios: A crescente complexidade dos dispositivos digitais e dos suportes de armazenamento, as tecnologias de cifragem impenetráveis dos dados, o volume e a velocidade dos dados recolhidos e a natureza dinâmica das ciberameaças são alguns dos problemas que a investigação forense digital tem de ultrapassar.

• Evolução contínua: Os métodos e instrumentos forenses digitais têm de mudar constantemente à medida que a tecnologia progride, de modo a dar resposta a novas dificuldades e descobertas. Isto implica ajustar-se aos avanços das ameaças cibernéticas, dos dispositivos digitais e das tecnologias de armazenamento.

Em suma, a análise forense digital é essencial para a investigação e acusação de casos criminais, para a defesa de empresas contra ataques em linha e para a manutenção da confidencialidade e integridade dos dados digitais. Para conduzir investigações eficientes e fiáveis, é necessária uma combinação de proficiência técnica, compreensão jurídica e considerações éticas.

1.2 ANÁLISE FORENSE DA MEMÓRIA

Uma área especializada da investigação forense digital, designada por análise forense de memória, dedica-se ao exame e estudo da memória volátil, ou RAM, em sistemas informáticos. Ao contrário da análise forense convencional de discos, que se centra no armazenamento não volátil, como os discos rígidos, a análise forense de memória implica retirar dados da RAM de um computador e examiná-los aí.

Eis alguns aspectos fundamentais da análise forense da memória:

• Objetivo: A recuperação de provas digitais importantes da memória volátil de um computador é o objetivo da análise forense da memória. A investigação de incidentes cibernéticos, infecções por malware, acesso não autorizado e outras violações de segurança pode exigir a utilização destas provas, que podem incluir processos activos, ficheiros abertos, chaves de registo, chaves de encriptação e outros artefactos.
• Volatilidade dos dados: Os dados na RAM são voláteis e perdem-se quando a alimentação é desligada, ao contrário dos dados armazenados no disco, que se mantêm mesmo depois de o computador ser desligado. Para capturar e preservar os conteúdos da memória antes de serem perdidos, a análise forense da memória necessita de determinados métodos e equipamento.
• Técnicas e ferramentas: Os dados de memória podem ser capturados, analisados e interpretados usando uma série de métodos e instrumentos usados na análise forense de memória. Essas ferramentas podem ser produtos comerciais de fabricantes de software forense ou estruturas de código aberto como LiME (Linux Memory Extrator), Volatility e Rekall. Utilizando estas ferramentas, os investigadores podem extrair e examinar despejos de memória a partir de despejos de colisão, ficheiros de hibernação e sistemas activos.
• Processo de análise: Reconstruir a cronologia dos eventos, identificar actividades suspeitas ou maliciosas, fazer corresponder artefactos de memória a outras fontes de provas digitais (como imagens de disco ou tráfego de rede) e extrair dados pertinentes para ajudar em investigações ou processos legais são passos comuns no processo de análise forense da memória.
• Casos de utilização: A análise forense da memória tem aplicação em diversos domínios, como a investigação em cibersegurança, a análise de malware, a resposta a incidentes e as investigações digitais. Ameaças persistentes avançadas (APTs), rootkits, malware residente na memória, malware sem ficheiros, ameaças internas e outras ciberameaças sofisticadas podem ser identificadas e analisadas com a sua ajuda.
• Desafios: A análise forense da memória apresenta uma série de dificuldades, como a complexidade das estruturas de memória, a natureza errática dos dados, a utilização de

tácticas de encriptação e anti-forenses pelos adversários e a exigência de determinados conhecimentos e capacidades. Além disso, a análise forense da memória pode necessitar de acesso a descargas de memória ou a sistemas em funcionamento, o que pode ser difícil de conseguir em algumas situações.

• Evolução contínua: Os métodos e recursos da análise forense de memória precisam de avançar constantemente para dar resposta a novos problemas e avanços tecnológicos. Isto implica ajustar-se às modificações nos designs de hardware, sistemas operativos, estratégias de gestão de memória e tácticas de evasão dos atacantes.

Em suma, a análise forense da memória é uma parte essencial das operações de cibersegurança e das investigações digitais, uma vez que fornece informações importantes sobre as acções e as tendências dos adversários nos sistemas informáticos. As capacidades forenses, a compreensão do sistema informático e os conhecimentos tecnológicos são todos necessários para avaliar e interpretar os dados da memória por motivos de investigação.

1.3 ANÁLISE FORENSE MÓVEL

A perícia móvel é um subcampo da perícia digital que se centra no exame e análise de provas digitais guardadas em leitores multimédia portáteis, telemóveis e tablets. É frequentemente designada por análise forense digital móvel ou análise forense de dispositivos móveis. Para fins legais ou de investigação, implica a extração, preservação, análise e visualização de dados destes dispositivos. Seguem-se alguns aspectos fundamentais da perícia móvel:

• Tipos de dispositivos móveis: A análise forense de dispositivos móveis abrange um vasto espetro de aparelhos, como sistemas de navegação GPS, tablets, wearables (como smartwatches), smartphones (incluindo iPhones e dispositivos Android) e leitores multimédia portáteis. Cada dispositivo pode ter um sistema operativo, uma disposição de armazenamento e medidas de segurança diferentes, o que cria dificuldades diferentes para a análise forense.

• Tipos de dados: As provas digitais sob a forma de registos telefónicos, mensagens de texto, e-mails, contactos, fotografias, vídeos, histórico de navegação, atividade nas redes sociais, dados de geolocalização, dados de aplicações, etc., podem ser encontradas armazenadas em dispositivos móveis. A partir destes dados, é possível compreender as interações, conversas e actividades de um utilizador.

• Processo forense: Normalmente, existem vários passos envolvidos no processo forense de dispositivos móveis: aquisição, preservação, exame, análise e relatório. Para garantir a integridade e a admissibilidade das provas, os examinadores forenses utilizam ferramentas e técnicas especializadas para recuperar dados de dispositivos móveis.

• Técnicas de aquisição: Para recuperar dados de dispositivos móveis, as ferramentas forenses móveis utilizam uma variedade de técnicas de aquisição. Estas técnicas incluem a extração física, que envolve o acesso direto ao hardware de armazenamento do dispositivo, a extração lógica, que envolve a utilização do sistema operativo do dispositivo para aceder a ficheiros e bases de dados, e técnicas avançadas como a extração de chips e a análise forense JTAG/ISP (programação no sistema).

• Sistemas operativos: Os dispositivos móveis utilizam diferentes sistemas operativos, mas os dois mais populares são o Android (da Google) e o iOS (da Apple). Uma vez que cada sistema operativo é diferente, com os seus próprios sistemas de ficheiros, caraterísticas de segurança e problemas forenses, os examinadores devem ter competências forenses em iOS e Android.

• Considerações legais: Os requisitos legais e éticos que a análise forense móvel deve seguir incluem a obtenção da autorização necessária para aceder e examinar dispositivos móveis, garantir a admissibilidade das provas em tribunal e defender o direito à privacidade das pessoas.

• Casos de utilização: Inúmeras situações exigem a utilização da perícia móvel, tais como investigações empresariais, investigações criminais, operações de contra-terrorismo, litígios civis, resposta a incidentes e conformidade regulamentar. Pode ajudar a localizar provas de fraude, crimes, roubo de propriedade intelectual, comportamento incorreto de funcionários e outras infracções utilizando tecnologia digital.

Em suma, a análise forense de dispositivos móveis é essencial para as investigações digitais, uma vez que oferece informações perspicazes sobre a utilização de dispositivos móveis e as conversas das pessoas. Para avaliar e interpretar com êxito as provas digitais de dispositivos móveis para fins de investigação e legais, são necessários conhecimentos, ferramentas e procedimentos específicos.

CAPÍTULO 2
FORENSE DIGITAL

A ciência forense digital é um domínio moderno da ciência forense, que se ocupa da recuperação e investigação de material encontrado em dispositivos digitais.

A ciência forense digital (por vezes conhecida como ciência forense digital) é um ramo da ciência forense que abrange a recuperação e investigação de material encontrado em dispositivos digitais, frequentemente relacionado com a criminalidade informática.

A análise forense digital é o "processo de identificação, preservação, análise e apresentação de provas digitais de uma forma que seja legalmente aceite em qualquer processo legal em tribunal.

Razões para efetuar a análise forense digital

1. Identificar uma fuga dentro de uma organização
2. Aceder aos possíveis danos ocorridos durante uma violação
3. Reconstruir o local do crime

Princípio da troca de Locard

Princípio de Edmond LOCARD (Sherlock Holmes de França).

"Cada contacto de um criminoso deixa um rasto"

1. É impossível para um criminoso atuar, especialmente tendo em conta a intensidade de um crime, sem deixar vestígios dessa presença

2. O princípio de troca de LOCARD aplica-se aos crimes cibernéticos que envolvem redes informáticas, como a usurpação de identidade, a fraude bancária eletrónica ou os ataques de negação de serviço, mesmo que o criminoso não entre fisicamente em contacto com o local do crime. Embora o criminoso possa estabelecer um contacto virtual com o local do crime através da utilização de uma máquina proxy, acreditamos que continuará a "deixar um rasto" e que existirão provas digitais.

2.1 TIPOS DE ANÁLISE FORENSE DIGITAL

- Informática forense
- Forense de rede
- Análise de dados forenses
- Análise forense de dispositivos móveis
- Forense IOT
- Análise forense na nuvem e muito mais

A ciência forense digital engloba vários campos especializados, cada um deles centrado em diferentes aspectos da recolha e análise de provas digitais. Eis alguns tipos comuns:

1. **Computação forense**: Trata-se de analisar dados armazenados em computadores, como discos rígidos, memória e sistemas operativos, para recuperar provas relacionadas com cibercrime, acesso não autorizado, violações de dados, etc.

2. **Análise forense de dispositivos móveis**: Investigação de dados armazenados em dispositivos móveis como smartphones, tablets e dispositivos GPS. Isto inclui a recuperação de mensagens de texto, registos de chamadas, dados de localização e outras informações armazenadas nestes dispositivos.

3. **Análise forense da rede**: Examinar o tráfego e os registos de rede para identificar e investigar incidentes de segurança, acesso não autorizado, infecções por malware, etc. A análise forense da rede envolve a análise de pacotes de dados, registos e configurações de rede.

4. **Análise forense da memória**: Analisar a memória volátil (RAM) de um computador ou dispositivo para extrair informações valiosas, como processos em execução, ligações de rede abertas, chaves de encriptação e artefactos de malware. A análise forense da memória é crucial para investigar o comprometimento de sistemas em tempo real e ataques avançados.

5. **Análise forense de dados**: Utilização de técnicas avançadas de análise de dados para examinar grandes volumes de provas digitais, tais como transacções financeiras, comunicações, registos e bases de dados, para descobrir padrões, anomalias e relações relevantes para uma investigação.

6. **Análise forense da nuvem**: Investigação de dados armazenados em ambientes de computação em nuvem, como SaaS (Software as a Service), PaaS (Platform as a Service) e IaaS (Infrastructure as a Service). A análise forense da nuvem envolve o exame de dados de registo, controlos de acesso, imagens de máquinas virtuais e outros artefactos para identificar violações de segurança, fugas de dados ou actividades não autorizadas.

7. **Perícia IoT**: Lidar com provas digitais de dispositivos da Internet das Coisas (IoT), tais como electrodomésticos inteligentes, dispositivos portáteis e sensores industriais. A análise forense da IoT envolve a análise do firmware do dispositivo, protocolos de comunicação e

registos de dados para investigar incidentes de segurança e violações de privacidade que envolvam dispositivos IoT.

Estes são apenas alguns dos principais tipos de análise forense digital e cada um deles pode exigir ferramentas, técnicas e conhecimentos especializados para investigar e analisar eficazmente as provas digitais.

2.2 PROCESSO DE INVESTIGAÇÃO FORENSE DIGITAL

O processo de investigação forense digital segue normalmente uma abordagem estruturada para garantir a recolha, análise e apresentação exaustivas e exactas de provas digitais. Segue-se uma descrição geral do processo de investigação forense digital:

1. **Identificação:** O primeiro passo consiste em identificar o âmbito e os objectivos da investigação. Isto implica compreender a natureza do incidente ou do crime, definir as provas necessárias e determinar os recursos necessários para a investigação.

2. **Preservação:** Uma vez definido o âmbito, o passo seguinte é preservar a integridade das provas digitais. Isto implica proteger o local do crime (físico ou digital), documentar a cadeia de custódia e efetuar uma cópia bit a bit (imagem forense) do suporte ou dispositivo de armazenamento original para evitar a adulteração ou alteração das provas.

3. **Recolha**: Após a preservação, as provas digitais são recolhidas utilizando ferramentas e técnicas especializadas. Isto pode envolver a recolha de dados de computadores, dispositivos móveis, registos de rede, serviços de nuvem, dispositivos IoT e outras fontes relevantes para a investigação. É crucial utilizar procedimentos forenses adequados para garantir a admissibilidade e a fiabilidade das provas em tribunal.

4. **Análise**: Uma vez recolhidas as provas, estas são analisadas para extrair informações relevantes e identificar potenciais pistas ou suspeitos. Isto envolve o exame de ficheiros, metadados, registos de comunicação, artefactos do sistema e outros vestígios digitais utilizando ferramentas e técnicas de software forense. A análise também pode incluir a pesquisa de palavras-chave, a escultura de dados, a descodificação e a reconstrução de ficheiros eliminados ou danificados.

5. **Interpretação**: Durante a fase de interpretação, os examinadores forenses interpretam os resultados no contexto dos objectivos da investigação e dos requisitos legais. Avaliam o significado das provas, identificam padrões ou anomalias e formulam hipóteses sobre os acontecimentos que conduziram ao incidente ou crime.

6. **Documentação**: A documentação exaustiva é crucial durante todo o processo de investigação. Os examinadores forenses documentam os seus procedimentos, descobertas e conclusões em relatórios pormenorizados que podem ser utilizados para apoiar as suas descobertas em tribunal. A documentação deve incluir informações sobre as ferramentas e técnicas utilizadas, a cadeia de custódia e quaisquer observações ou resultados de análises relevantes.

7. **Apresentação**: Por fim, as conclusões da investigação forense digital são apresentadas de forma clara e concisa aos intervenientes relevantes, como as autoridades policiais, o departamento jurídico ou a direção da empresa. Isto pode implicar a preparação de testemunhos de peritos, a apresentação de relatórios forenses e o fornecimento de provas de apoio para sustentar as conclusões alcançadas durante a investigação.
Ao longo de todo o processo, o cumprimento das normas legais e éticas é fundamental para garantir a admissibilidade e a fiabilidade das provas digitais em tribunal. Além disso, pode ser necessária a colaboração com outros profissionais, tais como peritos jurídicos, agências de aplicação da lei e equipas de resposta a incidentes, para obter resultados bem sucedidos nas investigações forenses digitais.

2.3 CADEIA DE CUSTÓDIA

A cadeia de custódia é um aspeto crucial de qualquer investigação forense digital. Refere-se à documentação cronológica e ao rasto de papel que mostra a apreensão, custódia, controlo, transferência, análise e disposição de provas físicas ou digitais. A manutenção de uma cadeia de custódia adequada é essencial para garantir a integridade e a admissibilidade das provas em processos judiciais. Segue-se uma descrição da sua importância e dos seus principais elementos:

• **Integridade das provas**: A cadeia de custódia ajuda a preservar a integridade das provas, documentando quem teve controlo sobre elas num determinado momento. Isto garante que as provas permanecem inalteradas e não são adulteradas desde o momento em que são recolhidas até à sua apresentação em tribunal.

• **Admissibilidade em tribunal:** Os tribunais exigem que as provas sejam autenticadas e que a sua integridade seja verificada antes de poderem ser admitidas como admissíveis em processos judiciais. Uma cadeia de custódia bem documentada garante que as provas não foram comprometidas e que o tribunal pode confiar nelas.

• **Conformidade legal**: A manutenção correta da cadeia de custódia é frequentemente um requisito legal em muitas jurisdições. O não estabelecimento e manutenção de uma cadeia de custódia clara pode levar à exclusão de provas ou à contestação da sua credibilidade durante os procedimentos legais.

2.4 OS PRINCIPAIS ELEMENTOS DE UMA CADEIA DE CUSTÓDIA INCLUEM:

- **Documentação:** Devem ser mantidos registos pormenorizados em cada fase do processo de tratamento de provas, incluindo a data e a hora da recolha, a identidade das pessoas envolvidas, o local onde as provas foram encontradas e quaisquer observações ou medidas relevantes tomadas.

- **Selagem e embalagem**: As provas devem ser embaladas e seladas de forma segura para evitar adulteração ou contaminação durante o armazenamento e o transporte. Os selos e os materiais de embalagem devem ser invioláveis e assinados ou rubricados pela pessoa que recolhe as provas.
- **Transferências e entregas:** Sempre que a custódia das provas muda de mãos, deve ser devidamente documentada e a parte recetora deve acusar a receção das provas. Isto ajuda a identificar quem tinha controlo sobre as provas num determinado momento.

- **Armazenamento e segurança:** As provas devem ser armazenadas num ambiente seguro e controlado para evitar perdas, roubos ou acesso não autorizado. O acesso às provas deve ser restringido apenas ao pessoal autorizado e devem ser adoptadas medidas de segurança adequadas para proteger a sua integridade.

- **Análise e exame**: Se as provas forem submetidas a análise ou exame por peritos forenses, os procedimentos e técnicas utilizados devem ser documentados, juntamente com quaisquer conclusões ou observações efectuadas durante a análise.

- **Eliminação**: Na conclusão da investigação ou do processo judicial, as provas devem ser corretamente eliminadas ou conservadas de acordo com os requisitos legais. A documentação relativa à disposição final das provas deve ser mantida como parte do registo da cadeia de custódia.

De um modo geral, manter uma cadeia de custódia clara e bem documentada é essencial para garantir a integridade, autenticidade e admissibilidade das provas digitais em processos judiciais.

Os 6 W'S da investigação forense digital

1. **O quê:** Descreve os factos que ocorreram no local do crime.
2. **Quando:** A hora do crime e outros acontecimentos relacionados.
3. **Porquê:** A motivação do crime e a razão pela qual ocorreu num determinado momento.
4. **Quem:** Pessoas envolvidas na investigação. Vítimas, suspeitos e testemunhas.
5. **Onde:** local do crime.
6. **Como:** Descrever a forma como o crime foi cometido.

CAPÍTULO 3

ANÁLISE FORENSE DA MEMÓRIA

A análise forense da memória é um ramo da análise forense digital que envolve a análise da memória volátil (RAM) de um computador ou dispositivo para extrair informações valiosas relacionadas com incidentes de segurança, actividades maliciosas ou investigações forenses. Eis uma visão geral da análise forense da memória e dos seus principais aspectos:

1. **Objetivo**: A análise forense da memória tem como objetivo recolher, analisar e interpretar os dados que residem na memória física de um sistema. Estes dados podem incluir processos em execução, ligações de rede abertas, controladores carregados, configurações do sistema, chaves de encriptação, palavras-passe e provas de malware ou actividades suspeitas.

2. **Volatilidade**: Ao contrário dos dados armazenados em unidades de disco ou outros suportes de armazenamento, a memória volátil é temporária e perde o seu conteúdo quando o sistema é desligado. A análise forense da memória concentra-se em capturar e preservar esses dados voláteis antes que eles sejam perdidos, fornecendo informações sobre o estado do sistema no momento da análise.

3. **Métodos de captura:** As ferramentas e técnicas forenses de memória capturam instantâneos de memória de sistemas activos ou despejos de memória de imagens capturadas de sistemas em execução. Estes instantâneos contêm o conteúdo da RAM do sistema, incluindo processos activos, estruturas de dados do kernel e aplicações no modo de utilizador.

4. **Técnicas de análise**: A análise forense de memória envolve a análise de instantâneos de memória para identificar e extrair informações relevantes. Isto pode incluir a identificação de processos em execução, o exame de ligações de rede, a recuperação de processos eliminados ou ocultos, a extração de artefactos relacionados com infecções de malware e a identificação de sinais de atividade suspeita ou maliciosa.

5. **Ferramentas**: Existem várias ferramentas forenses de memória disponíveis para capturar e analisar instantâneos de memória, como Volatility, Redline. Essas ferramentas fornecem recursos para aquisição de memória, análise de memória e extração de artefatos forenses de despejos de memória.

6. **Casos de utilização:** A análise forense de memória é utilizada em vários cenários, incluindo resposta a incidentes, análise de malware, investigações forenses e investigação forense digital. Pode ajudar os investigadores a compreender o comportamento do malware, a

identificar as técnicas e tácticas dos atacantes, a recuperar artefactos voláteis e a reconstruir a cronologia dos incidentes de segurança.

7. **Desafios**: A análise forense da memória apresenta alguns desafios, incluindo a volatilidade dos dados, a complexidade das estruturas de memória e a necessidade de competências e ferramentas especializadas. A análise de instantâneos de memória requer conhecimentos especializados em sistemas operativos internos, gestão de memória e técnicas de análise de malware.

8. **Considerações legais**: A admissibilidade das provas forenses de memória em processos legais pode depender de requisitos jurisdicionais, testemunhos de especialistas e da fiabilidade dos métodos e ferramentas de análise utilizados. A documentação adequada do processo forense, incluindo a cadeia de custódia e os procedimentos de análise, é crucial para garantir a integridade e a admissibilidade das provas forenses da memória em tribunal.

De um modo geral, a análise forense da memória é uma técnica valiosa para extrair provas forenses da memória volátil e é uma componente essencial das investigações digitais modernas, especialmente no contexto de ciberameaças avançadas e ataques sofisticados de malware.

3.1 DISPOSITIVOS DE MEMÓRIA

Os dispositivos de memória, no contexto da investigação forense digital, referem-se normalmente a qualquer meio de armazenamento eletrónico que retenha dados de forma temporária ou permanente. Estes dispositivos podem incluir:

1. **RAM (Memória de acesso aleatório):** A RAM é uma memória volátil utilizada pelos computadores para armazenar dados que estão a ser ativamente utilizados ou processados pela CPU. A RAM perde o seu conteúdo quando a alimentação é desligada, o que torna crucial para a análise forense em direto a captura de dados voláteis antes de desligar um sistema.

2. **ROM (Read-Only Memory):** A ROM é uma memória não volátil utilizada para armazenar firmware ou software de sistema de baixo nível. Mantém o seu conteúdo mesmo quando a alimentação é desligada e é frequentemente encontrada em dispositivos como chips BIOS ou sistemas incorporados.

3. **Memória Flash**: A memória flash não é volátil e é normalmente utilizada em unidades USB, unidades de estado sólido (SSD), cartões de memória e outros dispositivos de armazenamento. Mantém os dados mesmo quando a alimentação é desligada e é muito utilizada para armazenar provas digitais.

4. **Unidades de disco rígido (HDD):** Os HDD são dispositivos de armazenamento magnético utilizados para o armazenamento de dados a longo prazo em computadores e outros dispositivos. Não são voláteis e podem reter dados mesmo quando a alimentação é cortada, o que os torna importantes fontes de provas digitais em investigações forenses.

5. **SSDs (Solid-State Drives):** Os SSDs são dispositivos de armazenamento que utilizam memória flash para armazenar dados. São mais rápidos e mais duradouros do que os HDD, mas podem ser mais difíceis de analisar devido aos algoritmos de nivelamento de desgaste e aos comandos TRIM que podem afetar a recuperação de dados.
Cartões de memória: São pequenos dispositivos de armazenamento portáteis, normalmente utilizados em câmaras digitais, smartphones e outros dispositivos electrónicos para armazenar fotografias, vídeos e outros dados.

6. **Memória virtual**: A memória virtual é uma combinação de RAM e espaço em disco utilizada pelos sistemas operativos para aumentar a quantidade de memória disponível. Na investigação forense digital, a análise dos despejos de memória virtual pode fornecer informações valiosas sobre o estado de um sistema num determinado momento.

3.2 FAT (TABELA DE ATRIBUIÇÃO DE FICHEIROS)

A tabela de atribuição de ficheiros (FAT) é uma arquitetura de sistema de ficheiros utilizada para gerir e organizar dados em dispositivos de armazenamento, como discos rígidos, unidades USB e cartões de memória. A FAT foi originalmente desenvolvida pela Microsoft e tem sido amplamente utilizada em vários sistemas operativos devido à sua simplicidade e compatibilidade.

Eis algumas das principais caraterísticas do sistema de ficheiros FAT:

1. **Tabela de Atribuição de Ficheiros**: O sistema de ficheiros FAT utiliza uma tabela denominada Tabela de Atribuição de Ficheiros para controlar os clusters (unidades de atribuição) que são atribuídos a ficheiros e diretórios no dispositivo de armazenamento. Cada entrada na FAT corresponde a um cluster no disco.

2. **Tamanho do cluster**: A FAT divide o espaço de armazenamento de um disco em clusters, que são as unidades mais pequenas de alocação. O tamanho do cluster é determinado quando o sistema de ficheiros é formatado e afecta a eficiência da utilização do espaço em disco.

3. **Estrutura de diretórios**: A FAT organiza ficheiros e diretórios numa estrutura hierárquica. Cada diretório contém entradas para seus arquivos e subdiretórios, incluindo metadados como atributos de arquivo, carimbos de data e hora de criação e modificação, e tamanho do arquivo.

4. **Atributos de ficheiros**: A FAT suporta atributos básicos de ficheiro, tais como sinalizadores de apenas leitura, oculto, sistema e arquivo, para controlar o acesso e a visibilidade dos ficheiros.

5. **Nomes longos de arquivos (LFN):** A FAT suporta nomes de ficheiros longos, permitindo que os nomes de ficheiros contenham até 255 caracteres. Os LFNs são armazenados numa estrutura de entrada de diretório separada, juntamente com o formato tradicional 8.3 (oito caracteres para o nome do ficheiro e três caracteres para a extensão).

6. **Fragmentação**: A fragmentação ocorre quando os ficheiros são armazenados em grupos não contíguos no disco, o que leva a uma diminuição do desempenho. Os sistemas de ficheiros FAT são susceptíveis à fragmentação, especialmente com modificações e eliminações frequentes de ficheiros.

7. **Versões**: Existem várias versões do sistema de ficheiros FAT, incluindo FAT12, FAT16 e FAT32, cada uma com diferentes tamanhos máximos de volume e tamanhos de cluster.

Caraterísticas notáveis:

Sistema de ficheiros FAT

- O sistema de ficheiros fat oferece um bom desempenho em implementações leves.
- Torna a partilha de dados fácil e conveniente.
- É também um formato útil para cartões de memória de estado sólido.

3.3 MBR (MASTER BOOT RECORD)

O registo mestre de arranque (MBR) é a informação no primeiro sector de um disco rígido ou de uma unidade amovível. Identifica como e onde o sistema operativo (SO) do sistema está localizado para ser iniciado (carregado) no armazenamento do computador ou na memória de acesso aleatório (RAM).

O MBR também inclui um programa que lê o registo do sector de arranque da partição que contém o SO a ser carregado. Por sua vez, esse registo contém um programa que carrega o resto do SO para a RAM.

Compreender o registo mestre de arranque: -

Em termos simples, o MBR é uma categoria de sector de arranque que fornece informações sobre as partições do disco rígido. Ele também fornece informações sobre o sistema operacional para que ele possa ser carregado para a inicialização do sistema. O MBR contém programas que determinam qual partição no disco rígido é usada para a inicialização do sistema. Sem o MBR, o sistema não pode ser iniciado.

O MBR tem cerca de 512 bytes. Sendo o primeiro sector do disco rígido, tem um endereço específico: Cilindro 0, Cabeça 0, Setor 1. É criado nos sistemas Windows e DOS quando o disco rígido é particionado. No entanto, não está localizado dentro de uma partição, razão pela qual os meios de armazenamento não particionados, como as disquetes, não contêm um MBR. O MBR pode funcionar como um gestor de arranque em cadeia, independentemente do SO.

Como funciona o registo mestre de arranque

Quando o sistema é ligado, ele executa o programa BIOS armazenado na memória somente leitura. O BIOS contém o código para localizar e executar o MBR, a fim de localizar várias partições do disco rígido e carregar o sistema operacional. Inicialmente, o programa da BIOS avalia o hardware do sistema e verifica os dispositivos de arranque disponíveis que contêm um MBR. Em seguida, lê o primeiro sector para 0000:7C00H e determina se a assinatura final é 55AAH. Em seguida, ele transfere o controle para o MBR para inicializar o sistema operacional. Se a assinatura final não corresponder, o BIOS procura dispositivos adicionais de arranque. Para identificar a partição do sistema, o código de arranque do MBR utiliza o código de arranque do volume dessa partição. Em seguida, utiliza o sector de arranque da partição para iniciar o SO e arrancar o sistema. Se as instruções não forem executadas - por exemplo, porque o MBR está em falta - o computador não arranca.

Partes do registo mestre de arranque

O Master Boot Record é composto por três partes.

1. Rotina principal de arranque

A rotina de arranque principal tem 446 bytes e contém um codificador de carga variável, informação que é necessária para o MBR. Quando o disco rígido é arrancado, o MBR passa o controlo para o SO registado na tabela de partições.

2. Tabela de partição de disco (DPT)

Localizado no primeiro sector do disco rígido, o DPT contém detalhes sobre as partições e as suas localizações. Tem 64 bytes. Com um máximo de quatro partições (16 bytes cada), podem ser criadas partições alargadas conforme necessário.

3. Código de identificação

O código de identificação identifica o MBR. Tem 2 bytes e o seu valor é AA55H ou 55AAH.

O MBR é por vezes designado por sector de partição ou tabela de partição principal porque inclui uma tabela que localiza cada partição no suporte de armazenamento ou unidade de disco rígido. Outros nomes comuns incluem sector zero, bloco de arranque principal e sector de arranque da partição principal.

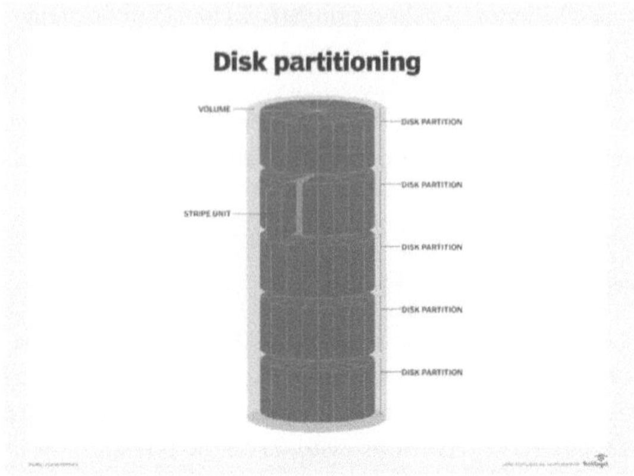

Figura 01: Particionamento de disco

3.4 COMPREENDER A TABELA DE ATRIBUIÇÃO DE FICHEIROS (FAT)

O sistema de atribuição de ficheiros é um método utilizado pelos sistemas de ficheiros para gerir e atribuir espaço de armazenamento num disco ou dispositivo de armazenamento para ficheiros. Determina a forma como o sistema de ficheiros organiza e controla os blocos de disco (ou clusters) que pertencem a cada ficheiro. Existem vários métodos comuns de atribuição de ficheiros:

Atribuição associada

• A cada ficheiro é atribuída uma lista ligada de blocos de disco, em que cada bloco contém um ponteiro para o bloco seguinte no ficheiro.

• Os blocos pertencentes a um ficheiro podem ser espalhados pelo disco, reduzindo a fragmentação externa.

• No entanto, este método exige uma sobrecarga adicional para armazenar e manter os ponteiros da lista ligada.

Atribuição indexada (ou estilo Unix):

• Um único bloco de índice (ou inode) é utilizado para armazenar os endereços dos blocos de disco pertencentes a um ficheiro.

• O inode contém apontadores de bloco diretos, apontadores de bloco indirectos simples, duplos e triplos, permitindo um acesso eficiente a ficheiros de grandes dimensões.

• Este método reduz a fragmentação externa e proporciona um bom desempenho para a maioria dos tamanhos de ficheiros.

Atribuição baseada na extensão (ou estilo Windows):

• Aos ficheiros é atribuído um conjunto de regiões de blocos de disco contíguos, denominados extensões.
• Cada extensão representa uma sequência contígua de blocos de disco atribuídos a um ficheiro.
• Um ficheiro pode ter várias extensões se crescer para além do espaço contíguo disponível.
• Este método reduz a fragmentação externa e proporciona um acesso eficiente a ficheiros de grandes dimensões.

FAT (tabela de atribuição de ficheiros):

• Utilizado em sistemas de ficheiros mais antigos, como o FAT16 e o FAT32.
• É mantida uma tabela (FAT) que contém entradas para cada cluster (grupo de blocos de disco) no disco.
• Cada entrada na FAT aponta para o cluster seguinte pertencente ao mesmo ficheiro, formando uma lista ligada de clusters para cada ficheiro.
• Este método é simples, mas pode levar à fragmentação e a ineficiências em ficheiros grandes.

A escolha do método de atribuição de ficheiros depende do sistema de ficheiros específico e dos seus objectivos de conceção, tais como o desempenho, a utilização do espaço em disco e a compatibilidade com os sistemas existentes. Os sistemas de ficheiros modernos combinam ou optimizam frequentemente estes métodos para melhorar a eficiência e reduzir a fragmentação.

3.5 NTFS (SISTEMA DE FICHEIROS DE NOVA TECNOLOGIA)

O NTFS (New Technology File System) é o principal sistema de ficheiros utilizado pelas versões modernas do sistema operativo Windows. Foi introduzido pela Microsoft com o Windows NT 3.1 em 1993 e sofreu várias melhorias e aperfeiçoamentos ao longo dos anos. Aqui estão algumas das principais caraterísticas do sistema de ficheiros NTFS:

1. Estrutura de dados avançada: O NTFS utiliza uma estrutura de dados avançada designada por Tabela de Ficheiros Principal
(MFT) para armazenar informações de ficheiros e diretórios, incluindo metadados, listas de controlo de acesso (ACLs) e dados de ficheiros.

2. Registro no diário: O NTFS utiliza um sistema de ficheiros com registo no diário, que ajuda a manter a integridade dos dados, registando as alterações antes de serem introduzidas no sistema de ficheiros. Isto assegura que o sistema de ficheiros pode recuperar de falhas do sistema ou de falhas de energia.

3. Recursos de segurança: O NTFS suporta listas de controlo de acesso (ACLs) que permitem aos administradores especificar permissões granulares para ficheiros e diretórios, controlando

quem os pode ler, escrever, executar ou modificar. Também suporta encriptação utilizando o Encrypting File System (EFS).

4. Grandes volumes e ficheiros: O NTFS suporta volumes muito grandes (até 256 terabytes) e ficheiros individuais até 16 exabytes (aproximadamente 16 mil milhões de gigabytes).

5. Tolerância a falhas: O NTFS inclui funcionalidades como a auto-cura, que pode detetar e corrigir automaticamente determinados tipos de corrupção do disco, e o Volume Shadow Copy Service (VSS), que permite criar instantâneos pontuais de volumes para efeitos de cópia de segurança e restauro.

6. Compressão de ficheiros: O NTFS pode comprimir ficheiros e diretórios de forma transparente em tempo real, reduzindo a utilização de espaço em disco sem afetar a compatibilidade das aplicações.

7. Ligações físicas e simbólicas: O NTFS suporta ligações físicas, que permitem que várias entradas de diretório apontem para os mesmos dados de ficheiro, e ligações simbólicas, que são referências a outros ficheiros ou diretórios.

8. Suporte a ficheiros esparsos: O NTFS pode armazenar e gerir eficazmente ficheiros esparsos, que são ficheiros com grandes áreas de dados não atribuídos ou com preenchimento zero.

9. Cotas de disco: O NTFS permite aos administradores definir quotas de disco, limitando a quantidade de espaço em disco que pode ser consumida por utilizadores ou grupos.
10. Recuperação do sistema de ficheiros: O NTFS inclui ferramentas como o `chkdsk` (Check Disk) que pode analisar e reparar erros do sistema de ficheiros, bem como suporte para ferramentas de recuperação do sistema de ficheiros de terceiros.

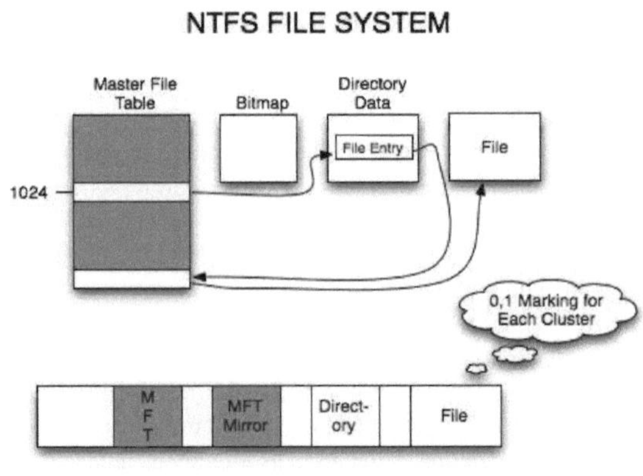

Figura 02: Sistema de ficheiros NTFS

que tem sido o sistema de ficheiros principal para os sistemas Windows, a Microsoft introduziu um novo sistema de ficheiros denominado ReFS (Resilient File System) no Windows Server 2012, que foi concebido para melhorar a resiliência, a escalabilidade e a integridade dos dados, especialmente para cenários de armazenamento em grande escala.

Como funciona o NTFS

A decomposição técnica do NTFS é a seguinte

1. Um disco rígido é formatado
2. Um ficheiro é dividido em partições no disco rígido
3. Dentro de cada partição, o sistema operativo rastreia todos os ficheiros armazenados num sistema operativo específico
4. Cada ficheiro é distribuído e armazenado num ou mais clusters ou espaços de disco com um tamanho uniforme predefinido (no disco rígido)
5. O tamanho de cada cluster varia entre 512 bytes e 64 kilobytes

Pode controlar o tamanho de um cluster com base no que é mais importante para a sua organização:

- Utilização eficiente do espaço em disco
- O número de acessos ao disco necessários para aceder a um ficheiro.

A principal desvantagem do NTFS é o facto de as suas capacidades modernas não serem acessíveis a tecnologias mais antigas. E, como o NTFS foi concebido para funcionar com um sistema operativo Windows, os dispositivos que funcionam com Mac ou Android nem sempre são compatíveis. Por exemplo:

1. Os computadores Mac OS podem ler unidades formatadas em NTFS, mas só podem ser gravadas em NTFS com a ajuda de software de terceiros
2. Os dispositivos multimédia, como leitores de DVD, televisores e câmaras digitais, são provavelmente demasiado antigos para tirar partido dos dispositivos de armazenamento NTFS

Além disso, o NTFS não inclui um sistema para garantir o desempenho e a largura de banda do sistema de ficheiros, o que pode constituir um problema para alguns utilizadores.

Quem usa NTFS?

Atualmente, o NTFS é mais frequentemente utilizado com os seguintes sistemas operativos da Microsoft:

- Windows 10
- Windows 8
- Windows 7
- Windows Vista
- Windows XP
- Windows 2000
- Windows NT

No entanto, é possível tirar partido do NTFS com outros sistemas operativos, como o Linux e o BSD.

3.6 RESTAURO DE FICHEIROS COM PERMISSÕES NTFS

As permissões NTFS fornecem controlo de acesso a ficheiros e pastas, contentores e objectos em sistemas partilhados, normalmente armazenamento ligado à rede (NAS). Existem cinco permissões NTFS básicas:

1. Ler: Permite que o utilizador ou grupo leia o ficheiro e veja os seus atributos, propriedade e conjunto de permissões.
2. Escrever: Permite que o utilizador ou grupo substitua o ficheiro, altere os seus atributos, veja a sua propriedade e veja as permissões definidas.
3. Ler e executar: Permite que o utilizador ou grupo execute a aplicação e realize todas as acções permitidas pela permissão Ler.
4. Modificar: Permite que o utilizador ou grupo modifique e elimine um ficheiro e execute todas as acções permitidas pelas permissões de Leitura, Escrita e Leitura e Execução.
5. Controlo total: Permite que o utilizador ou grupo altere a permissão definida num ficheiro, assuma a propriedade do ficheiro e execute acções permitidas por todas as outras permissões

CAPÍTULO 4

FORENSE MÓVEL

Mobile Forensic

A perícia móvel é o processo de recuperação de provas digitais de dispositivos móveis utilizando métodos aceites. Ao contrário dos processos forenses digitais tradicionais, a perícia móvel centra-se exclusivamente na recuperação de informações de dispositivos móveis, como smartphones, andróides e tablets.

Os dispositivos móveis contêm uma grande quantidade de informações, desde mensagens de texto e histórico de pesquisas na Web até dados de localização, pelo que podem ser extremamente úteis para uma investigação policial.

Necessidade de um serviço forense móvel

O processo forense móvel tem como objetivo recuperar provas digitais ou dados relevantes de um dispositivo móvel de forma a preservar as provas em condições forenses adequadas.

O processo forense móvel deve iniciar regras precisas para apreender, isolar, transportar, armazenar para análise e comprovar com segurança as provas digitais provenientes de um dispositivo móvel.

4.1 DESAFIOS DA INVESTIGAÇÃO FORENSE EM TELEMÓVEIS

Os peritos forenses móveis enfrentam desafios únicos no processo de investigação forense móvel.

- Plataforma
- Fabrico
- Conectores
- Sistema operativo
- Aplicações
- Dados na nuvem
- Mecanismo de segurança
- Preservação de dados
- Extração de todos os dados relevantesSelecção do conjunto de ferramentas adequado

4.2 ETAPAS DO PROCESSO FORENSE MÓVEL

1. Apreensão - Caixa de provas de telemóveis

• Proteger fisicamente os dispositivos móveis num saco ou recipiente de faraday para impedir o acesso remoto ou a alteração de dados.

• Certifique-se de que o dispositivo está desligado ou em modo de avião.

2. Aquisição - Identificação ou extração

• O objetivo desta fase é recuperar dados do dispositivo móvel. O ecrã de um cacifo é frequentemente desbloqueado com o pin, a palavra-passe, o padrão ou a biometria adequados.

• O examinador forense deve utilizar a imagem do cartão SIM - um procedimento que recria uma imagem de reprodução do conteúdo do cartão SIM como outras réplicas, a primeira prova permanecerá intacta enquanto a imagem de réplica está a ser utilizada para análise.

3. **Exame e análise -**

• Examinar a imagem forense utilizando software e ferramentas forenses.

• Recupere dados eliminados, coloque em pausa ficheiros e bases de dados relevantes e analise registos e informações do sistema.

• Identificar e extrair provas relacionadas com o inquérito.

• Tipos de dispositivos móveis - Smartphones, tablets, etc.

• Tipos de rede - GSM, CDMA e TDMA

• Prestador de serviços (Recover Lookup)

4. Relatórios

• Elaborar um relatório forense exaustivo que descreva o método utilizado, as provas obtidas e as conclusões retiradas da análise.

• Assegurar que o relatório é claro, conciso e adequado para apresentação em tribunal, se necessário.

4.3 PROCESSO DE EXTRACÇÃO DE PROVAS DE TELEMÓVEIS

1. A fase de recolha de provas -

A fase de recolha de provas é a fase inicial e implica formulários de pedido e documentação para documentar a informação sobre a propriedade e o tipo de incidente em que o dispositivo móvel esteve envolvido, e descreve o tipo de dados ou informações que o requerente procura.

O desenvolvimento de objectivos específicos para cada exame é a parte crítica desta fase. Serve para clarificar os objectivos do examinador.

2. A fase de identificação -

O examinador forense deve identificar os seguintes pormenores para cada exame de um dispositivo móvel:

A autoridade jurídica

Os objectivos do exame
A marca, o modelo e as informações de identificação do dispositivo
Armazenamento de dados amovível e externo

3. A fase de preparação

Uma vez identificado o modelo de telemóvel, a fase de preparação envolve uma pesquisa sobre o telemóvel específico a ser examinado e os métodos e ferramentas adequados a utilizar para a aquisição e exame.

4. A fase de isolamento

Os telemóveis são concebidos para comunicar através de redes de telemóveis, Bluetooth, infravermelhos e capacidades de rede sem fios (Wi-Fi). O isolamento do dispositivo das fontes de comunicação é importante antes da aquisição e do exame do dispositivo.

5. A fase de processamento

Uma vez isolado o telemóvel das redes de comunicação, começa o processamento efetivo do telemóvel.

O telemóvel deve ser adquirido através de um método testado que seja repetível e tão sólido quanto possível do ponto de vista forense. A aquisição física é o método preferido, uma vez que extrai os dados brutos da memória e o dispositivo é normalmente desligado durante o processo de aquisição.

Na maioria dos dispositivos, a menor quantidade de alterações ocorre no dispositivo durante a aquisição física. Se a aquisição física não for possível ou falhar, deve ser feita uma tentativa de adquirir o sistema de ficheiros do dispositivo móvel. Deve ser sempre obtida uma aquisição lógica

6. **A** fase **de verificação**

Depois de processar o telemóvel, o examinador tem de verificar a exatidão dos dados extraídos do telemóvel para garantir que os dados não são alterados.

A verificação dos dados extraídos pode ser efectuada de várias formas.

Comparação dos dados extraídos com os dados do telemóvel

Utilizar várias ferramentas e comparar os resultados

Utilizar valores hash
7. A fase de documentação-

As notas e a documentação do examinador podem incluir informações como as seguintes:

Data e hora de início do exame

O estado físico do telemóvel

Fotografias do telemóvel e dos componentes individuais

Estado do telefone quando recebido - ligado ou desligado

Marca e modelo do telemóvel

Ferramentas utilizadas para a aquisição

Instrumentos utilizados no exame

Dados encontrados durante o exame

Notas da revisão por pares

8. A fase de apresentação de relatórios

• Ao longo da investigação, é importante garantir que as informações extraídas e documentadas a partir de um dispositivo móvel possam ser claramente apresentadas a qualquer outro examinador ou a um tribunal.

• É importante criar um relatório forense dos dados extraídos do dispositivo móvel durante a aquisição e análise. Este relatório pode incluir dados em papel e em formato eletrónico.

• As suas descobertas devem ser documentadas e apresentadas de forma a que as provas falem por si próprias em tribunal.

• As conclusões devem ser claras, concisas e repetíveis. A análise da cronologia e das ligações, caraterísticas oferecidas por muitas ferramentas forenses móveis comerciais, ajudará a comunicar e a explicar as descobertas em vários dispositivos móveis.

• Estas ferramentas permitem ao examinador associar os métodos subjacentes à comunicação de vários dispositivos.

9. A fase de arquivo

• A preservação dos dados extraídos do telemóvel é uma parte importante do processo global.

• É igualmente importante que os dados sejam conservados num formato utilizável para o processo judicial em curso, para referência futura, caso o ficheiro de provas atual se corrompa, e para manutenção de registos.

4.4 MÉTODOS DE EXTRACÇÃO DE DISPOSITIVOS MÓVEIS

Extração lógica

• A extração lógica é o método de extração mais rápido e mais suportado.

• Numa extração lógica, as ferramentas forenses interagem com o sistema operativo do dispositivo móvel utilizando uma API

(Interface de Programação de Aplicações).

• Esta API (Application Programming Interface) é uma ferramenta que interage com o software do telemóvel. Existem dois tipos de software num telemóvel.

• O primeiro é o Software de base chamado de SO. A segunda classe de softwares é instalada para funcionar de acordo com os comandos do software de base, ou seja, o sistema operacional.

• Estes softwares de segunda classe são as aplicações ou Apps. E a API (Application Programming Interface) comunica com ambos os softwares, ou seja, o SO e as Apps.

Extração do sistema de ficheiros

• A extração do sistema de ficheiros é um método de extração de dados mais eficaz do que a extração lógica.

• Na extração lógica, os dados de um dispositivo eram extraídos através de uma API (Application Programming Interface) e, por conseguinte, só podiam ser extraídos os dados que estivessem ao alcance dessa API.

• Na extração do sistema de ficheiros, os dados do dispositivo não são abordados através de uma API e, por conseguinte, as limitações da API não são um obstáculo.

• Por outro lado, os dados são abordados através das ferramentas forenses utilizadas pelo extrator.

• Agora o extrator pode alcançar níveis mais profundos de dados.

Extração física

• A extração física é o tipo de extração mais abrangente.

• Este é o método de extração mais extenso, mas menos apoiado.
A extração física é menos suportada porque a obtenção de acesso total à memória interna de um dispositivo móvel depende completamente do sistema operativo e das medidas de segurança utilizadas pelo fabricante, como a Apple e a Samsung.

• O sistema operativo dos telemóveis Samsung é baseado num sistema de código aberto chamado Android. Este sistema dá mais acesso às ferramentas forenses. Mas existem outros sistemas operativos, por exemplo, iOS, Symbian, BlackBerry, Kai OS, Windows Mobile, Sailfish, etc., que não são sistemas operativos de código aberto. Mesmo as ferramentas forenses mais recentes, como a Cellebrite, não conseguem penetrar neles.

• Todos os iOS 7 em diante são difíceis de acessar a extração física completa do dispositivo. Agora, o iOS 11 em diante é um sistema operacional completamente à prova de extração.

4.5 FERRAMENTAS FORENSES PARA EXTRACÇÃO MÓVEL

Detetive Forense de Oxigénio-

• O Oxygen Forensic Detetive é capaz de extrair dados de uma série de plataformas diferentes, incluindo móveis, IoT, serviços em nuvem, drones, cartões multimédia, cópias de segurança e plataformas de desktop.

• Utiliza métodos físicos para contornar a segurança do dispositivo (como o bloqueio do ecrã) e recolhe dados de autenticação para uma série de aplicações móveis diferentes. O Oxygen é um produto comercial distribuído como um dongle USB.

Cellebrite UFED-

• A Cellebrite oferece uma série de ferramentas forenses digitais comerciais, mas o seu Cellebrite UFED afirma ser o padrão da indústria para aceder a dados digitais.

• A principal oferta da UFED centra-se nos dispositivos móveis, mas a linha geral de produtos UFED visa uma série de dispositivos, incluindo drones, cartões SIM e SD, GPS, nuvem e muito mais.

• A plataforma UFED afirma utilizar métodos exclusivos para maximizar a extração de dados de dispositivos móveis.

XRY-

• XRY é uma coleção de diferentes ferramentas comerciais para análise forense de dispositivos móveis.

• O XRY Logical é um conjunto de ferramentas projetadas para interagir com o sistema operacional do dispositivo móvel e extrair os dados desejados. O XRY Physical, por outro lado, utiliza técnicas de recuperação física para contornar o sistema operativo, permitindo a análise de dispositivos bloqueados.

CAINE-

- CAINE (Computer Aided Investigative Environment) é a distribuição Linux criada para a investigação forense digital.

Oferece um ambiente para integrar ferramentas de software existentes como módulos de software de uma forma fácil de utilizar. Esta ferramenta é de código aberto.

4.6 SISTEMAS OPERATIVOS MÓVEIS

• Um sistema operativo móvel é um sistema operativo que ajuda a executar outro software de aplicação em dispositivos móveis. É o mesmo tipo de software que os famosos sistemas operativos de computador, como o Linux e o Windows, mas agora são leves e simples até certo ponto.

• Os sistemas operativos encontrados nos smartphones incluem o Symbian OS, o iPhone OS, o RIM's
BlackBerry, Windows Mobile, Palm WebOS, Android e Maemo. O Android, o WebOS e o Maemo são todos derivados do Linux. O iPhone OS teve origem no BSD e no NeXTSTEP, que estão relacionados com o Unix.

• Combina a beleza do computador e dos dispositivos de utilização manual. Normalmente, contém um modem celular incorporado e um tabuleiro SIM para ligações telefónicas e à Internet. Quando se compra um telemóvel, a empresa fabricante escolhe o sistema operativo para esse aparelho específico.

Plataformas populares do sistema operativo móvel

1. Sistema operativo Android:

O sistema operativo Android é o sistema operativo mais popular atualmente. É um sistema operativo móvel baseado no kernel do Linux e em software de código aberto. O sistema operativo Android foi desenvolvido pela Google. O primeiro dispositivo Android foi lançado em 2008.

2. Bada (Samsung Electronics):

O Bada é um sistema operativo para telemóveis da Samsung que foi lançado em 2010. O Samsung wave foi o primeiro telemóvel a utilizar o sistema operativo bada. O sistema operativo bada oferece muitas funcionalidades móveis, tais como gráficos 3D, instalação de aplicações e multipoint-touch.

3. BlackBerry OS:

O sistema operativo BlackBerry é um sistema operativo móvel desenvolvido pela Research In Motion (RIM). Este sistema operativo foi concebido especificamente para os dispositivos portáteis BlackBerry. Este sistema operativo é vantajoso para os utilizadores empresariais porque permite a sincronização com o Microsoft Exchange, o correio eletrónico Novell GroupWise, o Lotus Domino e outro software empresarial quando utilizado com o BlackBerry Enterprise Server.

4. iPhone OS / iOS:

- O iOS foi desenvolvido pela Apple para ser utilizado no seu dispositivo.

• O sistema operativo iOS é o sistema operativo mais popular atualmente. É um sistema operativo muito seguro. O sistema operativo iOS não está disponível para outros telemóveis.

5. Symbian OS:

• O sistema operativo Symbian é um sistema operativo móvel que proporciona um elevado nível de integração com a comunicação. O sistema operativo Symbian é baseado na linguagem java.

• Combina middleware de comunicações sem fios e funcionalidades de gestão de informação pessoal (PIM). O sistema operativo Symbian foi desenvolvido pela Symbian Ltd em 1998 para utilização em telemóveis. A Nokia foi a primeira empresa a lançar o sistema operativo Symbian nos seus telemóveis nessa altura.

6. Sistema operativo Windows Mobile:

O Windows Mobile OS é um sistema operativo móvel desenvolvido pela Microsoft. Foi concebido para os PCs de bolso e telemóveis inteligentes.

7. Harmony OS:

O sistema operativo Harmony é o mais recente sistema operativo móvel desenvolvido pela Huawei para utilização nos seus dispositivos. Foi concebido principalmente para dispositivos IoT.

8. Palm OS:

O sistema operativo Palm é um sistema operativo móvel desenvolvido pela Palm Ltd para utilização em assistentes pessoais digitais (PAD). Foi introduzido em 1996. O Palm OS é também conhecido como Garnet OS.

9. WebOS (Palm/HP):

O WebOS é um sistema operativo móvel que foi desenvolvido pela Palm. Baseia-se no kernel Linux. A HP utiliza este sistema operativo nos seus telemóveis e touchpads.

4.7 SISTEMA DE NIVELAMENTO DE FERRAMENTAS FORENSES MÓVEIS

• O sistema de classificação de ferramentas forenses para dispositivos móveis foi criado por Sam Brothers para dar aos investigadores uma visão geral das ferramentas disponíveis, da menos complicada à mais complexa, para efeitos de recolha de provas móveis.

• A identificação da ferramenta adequada a utilizar depende de uma série de factores, incluindo os dados a recolher, a técnica ideal para os recolher e a complexidade dessa extração.

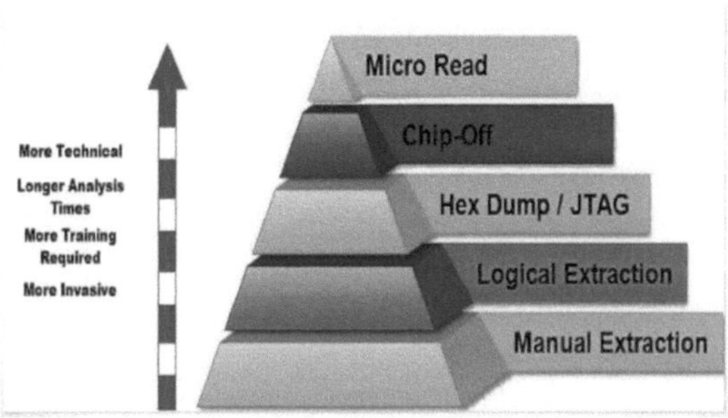

Figura 03: Análise da extração

Extração manual

• O método de extração manual envolve simplesmente percorrer os dados no dispositivo e visualizar os dados no telemóvel diretamente através da utilização do teclado ou do ecrã tátil do dispositivo.

• A informação descoberta é depois documentada fotograficamente. O processo de extração é rápido e fácil de utilizar, e funciona em quase todos os telemóveis.

• Este método está sujeito a erros humanos, como a perda de determinados dados devido à falta de familiaridade com a interface. A este nível, não é possível recuperar informações eliminadas e obter todos os dados.

• Existem algumas ferramentas, como o Project-A-Phone, que foram desenvolvidas para ajudar um examinador a documentar facilmente uma extração manual.

• No entanto, isto também pode resultar na modificação de dados. Por exemplo, a visualização de uma SMS não lida pode marcá-la como lida.

Extração lógica

• A extração lógica envolve a ligação do dispositivo móvel ao hardware forense ou a uma estação de trabalho forense através de um cabo USB, um cabo RJ-45, infravermelhos ou Bluetooth.

• Uma vez ligado, o computador inicia um comando e envia-o para o dispositivo, que é depois interpretado pelo processador do dispositivo.

• Em seguida, os dados solicitados são recebidos da memória do dispositivo e enviados de volta para a estação de trabalho forense, onde o examinador pode analisar os dados.

• A maioria das ferramentas forenses atualmente disponíveis funciona a este nível do sistema de classificação.

• O processo de extração é rápido, fácil de utilizar e requer pouca formação para os examinadores.

• Por outro lado, o processo pode escrever dados no telemóvel e pode alterar a integridade das provas. Além disso, os dados apagados não são geralmente acessíveis com este procedimento.

Despejo hexagonal

• Uma descarga hexadecimal, também designada por extração física.

• Isto é conseguido ligando o dispositivo à estação de trabalho forense e introduzindo um código não assinado ou um carregador de arranque no telefone e dando instruções ao telefone para descarregar a memória do telefone para o computador.

• Uma vez que a imagem bruta resultante está em formato binário, são necessários conhecimentos técnicos para a analisar.

• O processo é pouco dispendioso, fornece mais dados ao examinador e permite a recuperação dos ficheiros eliminados do espaço não atribuído ao dispositivo na maioria dos dispositivos.

□ **Descascar**

• Chip-off refere-se à aquisição de dados diretamente do chip de memória do dispositivo.

• O processo é dispendioso e requer conhecimentos a nível de hardware, uma vez que envolve a dessoldagem e o aquecimento do chip de memória.

• É necessária formação para realizar com êxito uma extração por arranque de apara.
• O método de chip-off é preferido em situações em que é importante preservar o estado da memória exatamente como existe no dispositivo. É também a única opção quando um dispositivo está danificado mas o chip de memória está intacto.

• Os chips do dispositivo são frequentemente lidos utilizando o método JTAG (Joint Test Action Group).

• O método JTAG envolve a ligação a portas de acesso de teste (TAPs) num dispositivo e a instrução do processador para transferir os dados brutos armazenados nos chips de memória. O método JTAG é geralmente utilizado com dispositivos que estão operacionais mas inacessíveis utilizando ferramentas padrão. Ambas as técnicas também funcionam mesmo quando o dispositivo está bloqueado no ecrã.

Micro-leitura

• O processo envolve a visualização e a interpretação manual dos dados registados no chip de memória.

• O examinador utiliza um microscópio eletrónico e analisa as portas físicas no chip e, em seguida, traduz o estado da porta para 0 e 1 para determinar os caracteres ASCII resultantes.

• Todo o processo é moroso e dispendioso e requer conhecimentos e formação aprofundados sobre a memória e o sistema de ficheiros.

• Devido aos aspectos extremamente técnicos envolvidos na microleitura, esta só seria tentada em casos de grande visibilidade, equivalentes a uma crise de segurança nacional, depois de esgotadas todas as outras técnicas de extração de níveis.

• O processo raramente é efectuado e, atualmente, não está bem documentado. Além disso, não existem atualmente ferramentas comerciais disponíveis para efetuar uma microleitura.

Aquisição de dados

• A aquisição de dados é o processo de obtenção de imagens ou de extração de informações de um dispositivo digital e dos seus equipamentos e suportes periféricos. A aquisição de dados de um telemóvel não é tão simples como a aquisição forense de um disco rígido normal

• Quando falamos de aquisição de dados, ou recolha de dados, a partir de um dispositivo móvel, estamos a referir-nos à forma como essa informação é recuperada.

• Para alguns dispositivos, pode ser tão simples como um investigador tirar fotografias do conteúdo encontrado no telemóvel.

• Mas, noutras situações, como quando um dispositivo está danificado ou os dados foram eliminados, é necessário utilizar outras tácticas.

Métodos de aquisição de dados

❖ Físico

❖ Lógico

❖ Manual

Aquisição física

• A aquisição física de telemóveis é efectuada utilizando ferramentas e métodos forenses móveis.

• A extração física adquire informações do dispositivo através do acesso direto à memória flash. A memória flash é uma memória não volátil e é utilizada principalmente em cartões de memória e unidades flash USB como armazenamento de estado sólido

• O processo cria uma cópia bit a bit de um sistema de ficheiros completo, semelhante à abordagem adoptada nas investigações forenses informáticas.

• Uma aquisição física é capaz de adquirir todos os dados presentes num dispositivo, incluindo os dados eliminados e o acesso a espaço não atribuído na maioria dos dispositivos.

Aquisição lógica

• A aquisição lógica de telemóveis é realizada utilizando a interface de programação de aplicações do fabricante do dispositivo para sincronizar o conteúdo do telemóvel com um computador.

• Muitas das ferramentas forenses efectuam uma aquisição lógica.

• No entanto, o analista forense deve compreender como ocorre a aquisição e se o telemóvel é modificado de alguma forma durante o processo.

• Dependendo do telemóvel e das ferramentas forenses utilizadas, todos ou alguns dos dados são adquiridos.

• Uma aquisição lógica é fácil de executar e apenas recupera os ficheiros num telemóvel e não recupera os dados contidos no espaço não atribuído.

Aquisição manual

• Com os telemóveis, a aquisição física é normalmente a melhor opção e a aquisição lógica é a segunda melhor opção.

• A extração manual deve ser a última opção quando se realiza a aquisição forense de um telemóvel. Tanto a aquisição lógica como a manual podem ser utilizadas para validar os resultados dos dados físicos.

• Durante a aquisição manual, o examinador utiliza a interface do utilizador para investigar o conteúdo da memória do telefone.

• O dispositivo é utilizado normalmente através do teclado ou do ecrã tátil e da navegação nos menus, e o examinador tira fotografias do conteúdo de cada ecrã.

• A extração manual introduz um maior grau de risco sob a forma de erro humano e existe a possibilidade de apagar as provas. A aquisição manual é fácil de executar e só adquire os dados que aparecem num telemóvel.

4.8 POTENCIAIS PROVAS ARMAZENADAS EM TELEMÓVEIS

Os dados de um telemóvel podem ser encontrados em vários locais: Cartão SIM, cartão de armazenamento externo e memória do telemóvel. Os seguintes artefactos contêm carimbos de data e hora:

• **Livro de endereços:** Armazena nomes de contactos, números, endereços de correio eletrónico, etc.

• **Histórico de chamadas:** Contém as chamadas marcadas, recebidas, não atendidas e a duração das chamadas

• **SMS:** Contém mensagens de texto enviadas e recebidas

• **MMS:** contém ficheiros multimédia, tais como fotografias e vídeos enviados e recebidos

• **Correio eletrónico:** Contém mensagens de correio eletrónico enviadas, redigidas e recebidas

• **Histórico do navegador Web:** Contém o histórico dos sítios Web que foram visitados

• **Fotografias:** Contém as fotografias captadas com a câmara do telemóvel, as descarregadas da Internet e as transferidas de outros **dispositivos**

• **Vídeos:** Contém vídeos capturados com a câmara do telemóvel, os descarregados da Internet e os transferidos de outros dispositivos

• **Música:** Contém ficheiros de música descarregados da Internet e transferidos de outros **dispositivos**

• **Documentos:** Contém documentos criados utilizando as aplicações do dispositivo, os descarregados da Internet e os transferidos de outros **dispositivos**

• **Calendário:** Contém entradas de calendário e **compromissos**

• **Comunicação em rede:** Contém localizações GPS

• **Mapas:** Contém direcções consultadas e **mapas** pesquisados e descarregados

• **Dados de redes sociais:** Contém dados armazenados por aplicações, como o Facebook, Twitter, LinkedIn, Google+ e WhatsApp

• **Dados apagados:** Contém informações eliminadas do **telemóvel**

Exame e análise

• Esta é a última etapa da investigação, que tem por objetivo descobrir os dados presentes no dispositivo. O exame é efectuado através da aplicação de métodos científicos bem testados para estabelecer de forma conclusiva os resultados.
• A fase de análise tem como objetivo separar os dados relevantes dos restantes e sondar os dados com valor para o caso subjacente.

• O processo de exame começa com uma cópia das provas obtidas através de algumas das técnicas acima descritas, que serão abordadas em pormenor nos capítulos seguintes.

• O exame e a análise utilizando ferramentas de terceiros são geralmente efectuados importando o despejo de memória do dispositivo para uma ferramenta forense móvel que recupera automaticamente os resultados.

• Compreender o caso também é crucial para efetuar uma análise direcionada dos dados. Por exemplo, um caso de pornografia infantil pode exigir que se concentre em todas as imagens presentes no dispositivo, em vez de olhar para outros artefactos.

4.9 GUIA PARA A APLICAÇÃO DA LEI:

Propriedade e posse:

• Identificar as pessoas que criaram, modificaram ou acederam a um ficheiro, bem como a propriedade e posse dos dados questionados, colocando o sujeito no dispositivo numa determinada hora e data, localizando ficheiros de interesse em locais não predefinidos, recuperando palavras-passe que indicam posse e identificando conteúdos de ficheiros específicos de um utilizador.

Análise de aplicações e ficheiros:

• Identificar informações relevantes para a investigação, examinando o conteúdo dos ficheiros, correlacionando os ficheiros com as aplicações instaladas, identificando relações entre ficheiros (por exemplo, ficheiros de correio eletrónico com anexos de correio eletrónico), determinando o significado de tipos de ficheiros desconhecidos, examinando as definições de configuração do sistema e examinando os metadados dos ficheiros (por exemplo, documentos com identificação de autoria).

Análise do período de tempo:

• Determine quando ocorreram eventos no sistema para associar a utilização a um indivíduo, analisando quaisquer registos presentes e os carimbos de data/hora no sistema de ficheiros, como a hora da última modificação. Para além dos registos de chamadas, a data/hora e o conteúdo das mensagens e do correio eletrónico podem ser úteis. Esses dados também podem ser corroborados com os registos de faturação e de assinantes mantidos pelo fornecedor de serviços.

Análise da ocultação de dados:

• Detetar e recuperar dados ocultos que possam indicar conhecimento, propriedade ou intenção, correlacionando cabeçalhos de ficheiros com extensões de ficheiros para mostrar ofuscação intencional; obter acesso a ficheiros protegidos por palavra-passe, encriptados e comprimidos; e obter acesso a informações esteganográficas detectadas em imagens.

4.10 REGRAS DE PROVA

Cinco regras gerais em matéria de provas que se aplicam à investigação forense digital e que têm de ser seguidas por ordem.

Admissível

• Esta é a regra mais básica e uma medida da validade e importância das provas.

As provas devem ser preservadas e recolhidas de forma a poderem ser utilizadas em tribunal ou noutro local. Podem ser cometidos muitos erros que podem levar um juiz a considerar uma prova inadmissível.

• Por exemplo, as provas recolhidas através de métodos ilegais são geralmente consideradas inadmissíveis.

Autêntico

- As provas devem estar relacionadas com o incidente de uma forma relevante para provar algo. O examinador forense deve ser responsável pela origem das provas.

Completo

- Quando são apresentadas provas, estas devem ser claras e completas e devem refletir toda a história. Não é suficiente recolher provas que mostrem apenas uma perspetiva do incidente. Apresentar provas incompletas é mais perigoso do que não apresentar quaisquer provas, uma vez que pode levar a um julgamento diferente.

Fiável

• As provas recolhidas a partir do dispositivo devem ser fiáveis.

• Tal depende das ferramentas e da metodologia utilizadas.

• As técnicas utilizadas e as provas recolhidas não devem pôr em causa a autenticidade das provas. Se o examinador tiver utilizado técnicas que não possam ser reproduzidas, as provas não são consideradas, exceto se tiver recebido instruções nesse sentido.

• Tal incluiria possíveis métodos destrutivos, como a extração por arranque de apara.

Acreditável

• Um examinador forense deve ser capaz de explicar, com clareza e concisão, os processos que utilizou e a forma como a integridade das provas foi preservada.

• As provas apresentadas pelo examinador devem ser claras, fáceis de compreender e credíveis.

CAPÍTULO 5

FERRAMENTAS UTILIZADAS ATÉ À DATA E PROJECTO DE RECUPERAÇÃO FÍSICA DA MEMÓRIA

□ FTK IMAGER

A AccessData criou o robusto e popular programa de criação de imagens forenses FTK Imager. Destina-se principalmente a ser utilizado na criação de imagens forenses de meios de armazenamento digital e sistemas informáticos por investigadores forenses e analistas forenses digitais. Eis alguns dos principais aspectos do FTK Imager:

a. Imagens de disco: Os utilizadores podem criar imagens forenses de ficheiros e pastas individuais, partições ou discos inteiros com o FTK Imager. Sem adulterar a evidência original, a análise forense usa essas imagens, que são réplicas precisas dos dados originais.
b. Formatos suportados: SMART, E01 (Expert Witness Compression Format), formato Raw, Advanced Forensic Format (AFF) e outros formatos de imagem forense são suportados pelo FTK Imager. Estes formatos garantem que as provas são preservadas e permanecem intactas, sendo também compatíveis com outras ferramentas de análise forense.
c. Aquisição de memória real: O gerador de imagens FTK facilita a recolha de memória real (RAM) de sistemas informáticos em funcionamento, para além da criação de imagens de disco. Com o uso desta funcionalidade, os investigadores forenses podem gravar informações efémeras para estudo adicional, incluindo processos activos, ligações abertas e artefactos do sistema.
d. Hashing e verificação: O gerador de imagens FTK pode ser utilizado para calcular os valores de hash de ficheiros individuais e fotografias forenses utilizando uma variedade de algoritmos de hash, tais como MD5, SHA-1 e SHA256. Estes valores de hash podem ser utilizados para confirmar a validade e integridade dos dados, bem como para garantir que não foram alterados.
e. Montagem e visualização: Com o FTK Imager, os utilizadores podem visualizar as fotografias forenses como diretórios dentro da aplicação ou montá-las como discos virtuais. Desta forma, os analistas forenses podem examinar e recuperar dados e artefactos de fotografias forenses sem terem de as armazenar fisicamente em unidades.

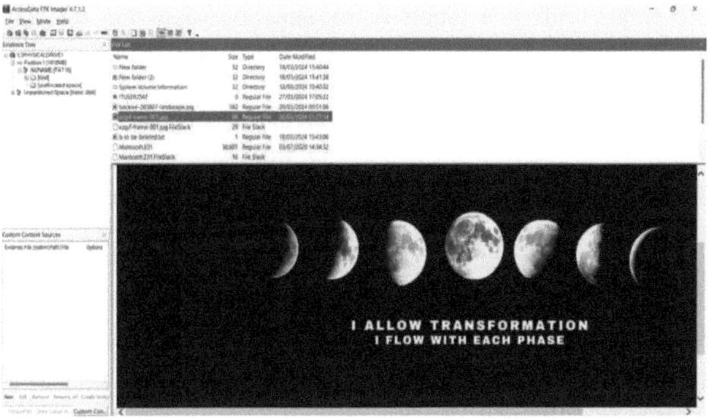

- **AUTOPSIA**

As organizações de aplicação da lei, os investigadores digitais e os examinadores forenses utilizam frequentemente a Autopsy, uma plataforma forense digital de código aberto, para analisar e examinar dados digitais. A Autopsy da Basis Technology oferece um conjunto robusto de funcionalidades e ferramentas para efetuar análises forenses aprofundadas de sistemas informáticos e suportes de armazenamento. Eis alguns dos principais aspectos da Autopsy:

a. Interface gráfica do utilizador (GUI): Os examinadores forenses podem navegar eficazmente no processo de investigação forense com a interface gráfica intuitiva e de fácil utilização do Autopsy. Tanto os utilizadores inexperientes como os peritos podem beneficiar do acesso simples da GUI a uma vasta gama de funções e ferramentas.
b. Criação e análise de imagens de disco: O Autopsy facilita a geração de imagens forenses em formatos padrão do setor, incluindo E01, raw e AFF, de unidades, partições e arquivos individuais. As imagens de disco podem ter seu conteúdo examinado por examinadores forenses, incluindo itens excluídos, espaço alocado e não alocado e metadados do sistema de arquivos.
c. Pesquisa e indexação de palavras-chave: Os investigadores forenses podem usar os recursos de pesquisa robustos da Autopsy para procurar palavras, frases ou expressões regulares específicas no conteúdo de imagens de disco. Durante a entrada de dados, ele indexa automaticamente os dados, permitindo pesquisas rápidas e eficazes em grandes quantidades de evidências digitais.
d. Análise da linha do tempo: A atividade do sistema de ficheiros, como a criação de ficheiros, modificação, eliminação e tempos de acesso, pode ser vista numa linha temporal cronológica com a ferramenta de análise de linha temporal da Autopsy.
Isto permite aos investigadores forenses associar ocorrências ao longo do inquérito e detetar tendências de comportamento dos utilizadores.
e. Recuperação de ficheiros: Os investigadores forenses podem recuperar ficheiros apagados ou danificados a partir de imagens de disco, utilizando as funcionalidades de recuperação de ficheiros da Autopsy. Pode extrair uma vasta gama de formatos de ficheiros, tais como

documentos, fotografias, vídeos e arquivos, mesmo nos casos em que os metadados do sistema de ficheiros estão danificados ou ausentes.

f. Análise de artefactos: Os analisadores incorporados na Autopsy facilitam a análise de uma vasta gama de artefactos, incluindo os frequentemente encontrados em provas digitais, como registos de conversação, correspondência de e-mail, históricos do browser, entradas de registo e metadados. A partir das imagens do disco, estes analisadores extraem dados pertinentes e apresentam-nos de forma organizada para análise.

g. Relatórios e documentação: O processo de autópsia facilita a criação de relatórios e documentação completos para análise forense. Os examinadores forenses podem utilizá-lo para fornecer relatórios exaustivos, incluindo conclusões, resultados analíticos, cronologias, resultados de pesquisas por palavras-chave e outros dados relevantes para utilização em processos judiciais ou investigações.

- EDITOR **HxD**

O popular editor de disco e programa de edição hexadecimal para Windows chama-se HxD. É utilizado para uma variedade de tarefas como visualizar e manipular ficheiros binários, analisar o conteúdo do disco e realizar operações de recuperação de dados por um vasto espetro de utilizadores, incluindo programadores, especialistas em TI, analistas forenses e amadores de computadores. Aqui estão alguns dos principais aspectos do HxD Editor:

a. Edição hexadecimal: Os ficheiros binários hexadecimais podem ser visualizados e editados com o HxD, que oferece uma representação completa e aprofundada do conteúdo do ficheiro. É útil para a depuração, engenharia inversa e correção de ficheiros binários, uma vez que os utilizadores podem alterar bytes, caracteres ou sequências de bits específicos no ficheiro.

b. Edição de disco: O HxD permite aos utilizadores examinar e editar o conteúdo de discos físicos, imagens de disco e partições de disco, para além da edição de ficheiros. Os trabalhos de análise forense, diagnóstico de disco e recuperação de dados beneficiam muito com esta funcionalidade.

c. Comparação de ficheiros: Com a ferramenta de comparação de ficheiros do HxD, os utilizadores podem comparar os conteúdos de dois ficheiros binários lado a lado. Isto é útil para o controlo de versões, sincronização de dados e investigação forense, uma vez que permite aos utilizadores determinar as diferenças, semelhanças e inconsistências entre os ficheiros.

d. Cálculo de soma de verificação: O HxD oferece ferramentas para calcular valores de hash e somas de verificação para ficheiros binários, tais como SHA-256, MD5, SHA-1 e CRC32. Os utilizadores podem utilizar esta função para garantir a integridade dos dados durante a transmissão ou armazenamento, detetar corrupção de dados e confirmar a autenticidade e integridade dos ficheiros.

e. Interpretação de dados: Os utilizadores podem compreender e apresentar dados binários em vários formatos, incluindo ASCII, Unicode, inteiro, flutuante e data/hora, graças às ferramentas de interpretação de dados incorporadas no HxD.

f. Pesquisa e substituição: O HxD possui funcionalidades robustas de pesquisa e substituição que permitem aos utilizadores procurar determinadas cadeias de caracteres ou padrões de bytes em ficheiros binários e trocá-los por valores diferentes. Encontrar e alterar dados específicos em ficheiros, tais como cadeias de caracteres, assinaturas ou cabeçalhos de ficheiros, é mais fácil com a ajuda desta funcionalidade.

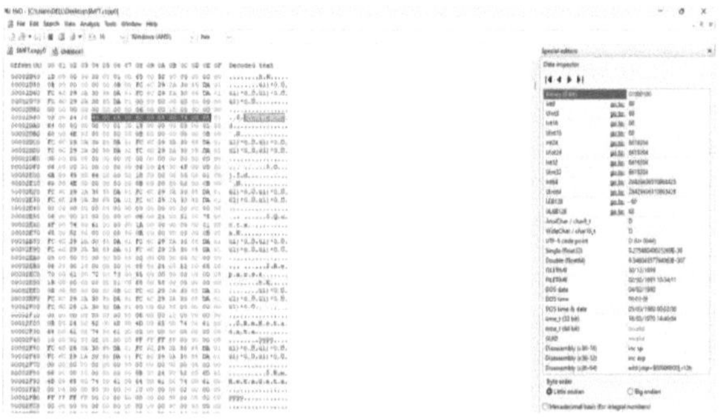

VISUALIZADOR MFT

Uma parte essencial do sistema de ficheiros NTFS utilizado nos sistemas operativos Windows é a Master File Table (MFT), que pode ser interpretada e apresentada utilizando um software denominado visualizador de MFT. Todos os ficheiros e diretórios de uma unidade NTFS são listados na MFT, que funciona como uma base de dados. Os visualizadores de MFT permitem aos utilizadores visualizar e estudar os metadados e a estrutura dos ficheiros armazenados em volumes NTFS. Normalmente, estes utilizadores são investigadores forenses, especialistas em TI e administradores de sistemas. Aqui estão alguns dos principais aspectos dos visualizadores de MFT:

a. Visualização de metadados de ficheiros: Os visualizadores MFT mostram metadados abrangentes relacionados com ficheiros e diretórios armazenados em volumes NTFS. Nomes de ficheiros, datas de criação, datas de modificação, datas de acesso, tamanhos de ficheiros, permissões, atributos, propriedade e atributos estão entre os atributos incluídos nestes metadados.
b. Visualização da estrutura de diretórios: Os visualizadores de MFT permitem que os utilizadores percorram diretórios, subdirectórios e ficheiros de forma hierárquica, visualizando a estrutura de diretórios de uma unidade NTFS. Isto ajuda os utilizadores a compreenderem como os ficheiros e diretórios estão organizados e estruturados no volume.
c. Pré-visualização do conteúdo do ficheiro: Certos visualizadores MFT sofisticados permitem aos utilizadores visualizar a informação do ficheiro imediatamente dentro do programa. Sem necessitar de programas adicionais, os utilizadores podem ler o conteúdo de texto, imagens, documentos e outros tipos de ficheiros suportados graças a esta funcionalidade.
d. Pesquisa e filtragem: Normalmente, os usuários podem pesquisar determinados arquivos, diretórios ou propriedades de metadados na MFT usando os recursos de pesquisa e filtragem incluídos nos visualizadores da MFT. Além de outros parâmetros, os usuários podem

pesquisar arquivos com base em nomes de arquivos, tamanhos, tipos, datas de criação e datas de alteração.

e. Exportação e relatórios: A exportação de dados MFT para outros formatos, incluindo CSV (Comma-Separated Values), XML (eXtensible Markup Language) ou HTML (Hypertext Markup Language), é frequentemente suportada pelos visualizadores MFT.

f. Análise forense: Os visualizadores MFT são frequentemente utilizados em investigações de sistemas de ficheiros, exame de provas digitais e reconstrução de actividades de ficheiros em análise forense. Os visualizadores MFT são utilizados por analistas forenses para localizar ficheiros apagados, detetar ficheiros ocultos, examinar artefactos do sistema de ficheiros e encontrar provas de modificação ou adulteração de ficheiros.

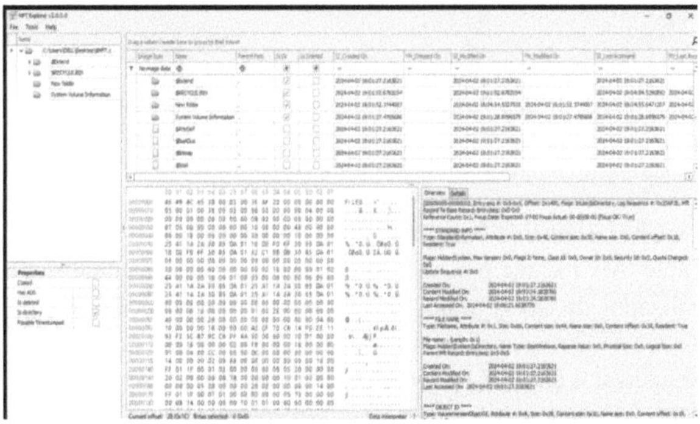

• FICHEIRO NTUSER.DAT

Uma parte crucial do sistema operativo Windows, o ficheiro NTUSER.DAT está ligado às definições do registo e aos perfis de utilizador em particular. Estes são os principais aspectos do ficheiro NTUSER.DAT:

a. Dados do perfil do utilizador: As preferências e definições específicas do utilizador para cada conta de utilizador do Windows estão contidas no ficheiro NTUSER.DAT. Estas configurações incluem associações de ficheiros, preferências da barra de tarefas, configurações do ambiente de trabalho, definições de programas, preferências pessoais e outros ajustes específicos do utilizador.

b. Colmeia de Registo: O Registo do Windows utiliza uma série de ficheiros de registo, incluindo o NTUSER.DAT, para guardar dados de configuração. Representa a colmeia de registo "HKEY_CURRENT_USER" (HKCU), que contém as preferências e definições exclusivas do utilizador que está atualmente ligado.

c. Formato Binário: Como o arquivo NTUSER.DAT é armazenado em um formato binário, os editores de texto convencionais não conseguem acessá-lo. Tal como outros ficheiros de colmeia do registo, é um ficheiro de base de dados estruturado com chaves, subchaves e valores organizados hierarquicamente.

d. Localização: Em um sistema Windows, o arquivo NTUSER.DAT pode ser encontrado no diretório de perfil do usuário. Nas versões contemporâneas do Windows (como o Windows

10, Windows 8 e Windows 7), cada conta de utilizador tem o seu próprio ficheiro NTUSER.DAT, que é mantido no diretório "C:\Users<username>".

e. Importância: Em todas as sessões do Windows, o ficheiro NTUSER.DAT é essencial para preservar as configurações e definições específicas do utilizador. Guarda as preferências do utilizador e as personalizações que afectam a forma como um utilizador interage com o sistema, como uma aplicação se comporta e como o sistema funciona para um determinado utilizador.

f. Análise forense: Durante as investigações digitais, os analistas forenses examinam frequentemente o ficheiro NTUSER.DAT para obterem dados relativos ao comportamento do utilizador, utilização de programas, configurações do sistema, e outros artefactos pertinentes. O arquivo pode oferecer informações detalhadas sobre como os usuários se comportam e se envolvem com o sistema.

I. SCRIPT PYTHON PARA LER O FICHEIRO NTUSER.DAT

```
import winreg
import os
from Registry import Registry

def read_ntuser_dat(ntuser_dat_path):
    try:
        # Open the NTUSER.DAT file
        reg = Registry.Registry(ntuser_dat_path)

        # Print the root key information
        print(f"Root Key: {reg.root()}")

        # Recursively traverse the registry keys and values
        traverse_keys(reg.root(), 0)

    except Exception as e:
        print(f"Error reading NTUSER.DAT: {e}")

def traverse_keys(key, level):
    # Print the current key information
    print("-" * level + str(key.path()))

    # Iterate over the values of the current key
    for value in key.values():
        print("-" * (level + 1) + f"Value: {value.name()} = {value.value()}")

    # Recursively traverse the subkeys
    for subkey in key.subkeys():
        traverse_keys(subkey, level + 1)

# Example usage
ntuser_dat_path = r"D:/NATUSER/NTUSER.DAT"
read_ntuser_dat(ntuser_dat_path)
```

□ OUTPUT

```
----ROOT\SOFTWARE\Microsoft\VisualStudio\RemoteSettings\vs-bootstrapper
-----ROOT\SOFTWARE\Microsoft\VisualStudio\RemoteSettings\vs-bootstrapper\3.9.2164.57262
------ROOT\SOFTWARE\Microsoft\VisualStudio\RemoteSettings\vs-bootstrapper\3.9.2164.57262\Installer
-------ROOT\SOFTWARE\Microsoft\VisualStudio\RemoteSettings\vs-bootstrapper\3.9.2164.57262\Installer\Features
--------Value: Rollback = 1
----ROOT\SOFTWARE\Microsoft\VisualStudio\RemoteSettings\vs-xsetup
-----ROOT\SOFTWARE\Microsoft\VisualStudio\RemoteSettings\vs-xsetup\3.10.1108.42665
------ROOT\SOFTWARE\Microsoft\VisualStudio\RemoteSettings\vs-xsetup\3.10.1108.42665\Installer
-------ROOT\SOFTWARE\Microsoft\VisualStudio\RemoteSettings\vs-xsetup\3.10.1108.42665\Installer\Features
--------Value: Rollback = 1
-----ROOT\SOFTWARE\Microsoft\VisualStudio\RemoteSettings\vs-xsetup\3.9.2164.57262
------ROOT\SOFTWARE\Microsoft\VisualStudio\RemoteSettings\vs-xsetup\3.9.2164.57262\Installer
-------ROOT\SOFTWARE\Microsoft\VisualStudio\RemoteSettings\vs-xsetup\3.9.2164.57262\Installer\Features
--------Value: Rollback = 1
---ROOT\SOFTWARE\Microsoft\VisualStudio\Telemetry
----Value: UseCollector = 0
----Value: VS.Core.Machine.VirtualMachineType = 0
----ROOT\SOFTWARE\Microsoft\VisualStudio\Telemetry\Default
-----ROOT\SOFTWARE\Microsoft\VisualStudio\Telemetry\Default\v2
------Value: UseCollector = 1
----ROOT\SOFTWARE\Microsoft\VisualStudio\Telemetry\Dev14
-----ROOT\SOFTWARE\Microsoft\VisualStudio\Telemetry\Dev14\v2
------Value: UseCollector = 1
----ROOT\SOFTWARE\Microsoft\VisualStudio\Telemetry\PersistentPropertyBag
-----Value: mac.address = s:4b0a108f7249ab5db440c756100b1f01da3671e524b7fce8ab860c5ca0e5d539
-----ROOT\SOFTWARE\Microsoft\VisualStudio\Telemetry\PersistentPropertyBag\c57a9efce9b74de382d905a89852db71
------Value: VS.Core.HardwareId = s:F03DB332B816809CA3DBFB4101A3C79BB95D47F1C6A241FC2D5008D3ABA5E642
```

```
----ROOT\SOFTWARE\Microsoft\GameBarApi\7924\1042c
-----ROOT\SOFTWARE\Microsoft\GameBarApi\7924\1042c\Visible
------Value: Visible = 0
----ROOT\SOFTWARE\Microsoft\GameBarApi\7924\1c0066
-----ROOT\SOFTWARE\Microsoft\GameBarApi\7924\1c0066\Visible
------Value: Visible = 0
---ROOT\SOFTWARE\Microsoft\GameBarApi\7932
----ROOT\SOFTWARE\Microsoft\GameBarApi\7932\0
-----ROOT\SOFTWARE\Microsoft\GameBarApi\7932\0\Visible
------Value: Visible = 0
----ROOT\SOFTWARE\Microsoft\GameBarApi\7932\304fc
-----ROOT\SOFTWARE\Microsoft\GameBarApi\7932\304fc\Visible
------Value: Visible = 0
---ROOT\SOFTWARE\Microsoft\GameBarApi\796
----ROOT\SOFTWARE\Microsoft\GameBarApi\796\708be
-----Value: Visible = 0
---ROOT\SOFTWARE\Microsoft\GameBarApi\7960
----ROOT\SOFTWARE\Microsoft\GameBarApi\7960\0
-----ROOT\SOFTWARE\Microsoft\GameBarApi\7960\0\Visible
------Value: Visible = 0
----ROOT\SOFTWARE\Microsoft\GameBarApi\7960\a033e
-----ROOT\SOFTWARE\Microsoft\GameBarApi\7960\a033e\Visible
------Value: Visible = 0
---ROOT\SOFTWARE\Microsoft\GameBarApi\7968
----ROOT\SOFTWARE\Microsoft\GameBarApi\7968\0
-----ROOT\SOFTWARE\Microsoft\GameBarApi\7968\0\Visible
------Value: Visible = 0
----ROOT\SOFTWARE\Microsoft\GameBarApi\7968\30302
-----ROOT\SOFTWARE\Microsoft\GameBarApi\7968\30302\Visible
------Value: Visible = 0
```

```
------Value: AppPath = C:\Users\HP\AppData\Roaming\Spotify
------Value: AppName = Spotify.exe
------Value: Policy = 3
----ROOT\SOFTWARE\Microsoft\Internet Explorer\Low Rights\ElevationPolicy
-----ROOT\SOFTWARE\Microsoft\Internet Explorer\Low Rights\ElevationPolicy\{15B8514F-A489-43EF-97D3-28E184A5D898}
------Value: AppName = idmBroker.exe
------Value: AppPath = C:\Program Files (x86)\Internet Download Manager
------Value: Policy = 3
-----ROOT\SOFTWARE\Microsoft\Internet Explorer\Low Rights\ElevationPolicy\{19024858-CE75-42C1-8A2D-57E660793D9A}
------Value: AppName = IEMonitor.exe
------Value: AppPath = C:\Program Files (x86)\Internet Download Manager
------Value: Policy = 3
-----ROOT\SOFTWARE\Microsoft\Internet Explorer\Low Rights\ElevationPolicy\{29C96C6A-0FE5-44a1-AEFC-A009289D4F7E}
------Value: AppName = atinst.exe
------Value: AppPath = c:\users\hp\appdata\local\webex\webex64\meetings
------Value: Policy = 3
-----ROOT\SOFTWARE\Microsoft\Internet Explorer\Low Rights\ElevationPolicy\{4D6D8D3F-64D2-4680-9A6A-2DEA09F5D89E}
------Value: AppName = WebexHost.exe
------Value: AppPath = C:\Users\HP\AppData\Local\WebEx
------Value: Policy = 3
-----ROOT\SOFTWARE\Microsoft\Internet Explorer\Low Rights\ElevationPolicy\{5C0D11B8-C5f6-4be3-AD2C-2B1A3EB94AB6}
------Value: AppPath = C:\Users\HP\AppData\Roaming\Spotify
------Value: AppName = Spotify.exe
------Value: Policy = 3
```

II.SCRIPT PYTHON PARA LER OS REGISTOS DO REGISTO DO WINDOWS

```python
import winreg

def traverse_registry(root_key, key_path=""):
    logs = []
    try:
        # Open the registry key
        key = winreg.OpenKey(root_key, key_path, 0, winreg.KEY_READ)

        # Enumerate all subkeys
        num_subkeys, _, _ = winreg.QueryInfoKey(key)
        for i in range(num_subkeys):
            subkey_name = winreg.EnumKey(key, i)
            full_subkey_path = "\\".join([key_path, subkey_name]).strip("\\")
            logs.append("Key: " + full_subkey_path)

            # Recursively traverse subkeys
            logs += traverse_registry(root_key, full_subkey_path)

        # Enumerate all values
        num_values = winreg.QueryInfoKey(key)[1]
        for i in range(num_values):
            value_name, value_data, value_type = winreg.EnumValue(key, i)
            logs.append("Value: {} = {}".format(value_name, value_data))

    except Exception as e:
        # Only include error messages if they are not Access Denied errors
        if not str(e).startswith("[WinError 5] Access is denied"):
            logs.append("Error: " + str(e))

    return logs

# Function to ask the user for log type
def get_log_type():
    log_type = input("Which type of log do you want to generate? (software/usb/printer): ").lower()
    if log_type not in ['software', 'usb', 'printer']:
        print("Invalid log type.")
        return get_log_type()
    return log_type

# Root keys to start traversal
root_keys = [winreg.HKEY_LOCAL_MACHINE]
log_type = get_log_type()

all_logs = []

for root_key in root_keys:
    logs = traverse_registry(root_key)
    all_logs += logs

# Writing logs to a text file
log_file = "{}_logs.txt".format(log_type)
with open(log_file, "w", encoding="utf-8") as file:
    for log in all_logs:
        if log_type in log.lower():
            file.write(str(log) + "\n")

print("Logs generated successfully in {}.".format(log_file))
```

❖ SAÍDAS

```
C:\Windows\System32\cmd.exe
Microsoft Windows [Version 10.0.19045.4170]
(c) Microsoft Corporation. All rights reserved.

D:\Python2>python logappend5.py
Which type of log do you want to generate? (software/usb/printer): software
Logs generated successfully in software_logs.txt.

D:\Python2>
```

❖ REGISTOS DE SOFTWARE (FICHEIRO DE TEXTO)

```
Key: SOFTWARE\VMware, Inc.
Key: SOFTWARE\VMware, Inc.\VMware Drivers
Key: SOFTWARE\Windows
Key: SOFTWARE\Windows\CurrentVersion
Key: SOFTWARE\Windows\CurrentVersion\AutoRotation
Key: SOFTWARE\WinRAR
Key: SOFTWARE\WinRAR\Capabilities
Key: SOFTWARE\WinRAR\Capabilities\FileAssociations
Key: SOFTWARE\WOW6432Node
Key: SOFTWARE\WOW6432Node\AccessData
Key: SOFTWARE\WOW6432Node\AccessData\AccessData FTK Imager
Key: SOFTWARE\WOW6432Node\AccessData\AccessData FTK Imager\4.7.1.2
Value: AppPath = D:\IFSO Softwares\FTK Imager\FTK Imager\FTK Imager.exe
```

```
Key: SOFTWARE\WOW6432Node\Python
Key: SOFTWARE\WOW6432Node\Python\PyLauncher
Key: SOFTWARE\WOW6432Node\Realtek
Key: SOFTWARE\WOW6432Node\Realtek\Audio
Key: SOFTWARE\WOW6432Node\Realtek\Audio\VbCmdMonitor
Key: SOFTWARE\WOW6432Node\Realtek\Revcon
Key: SOFTWARE\WOW6432Node\Realtek Semiconductor Corp.
Key: SOFTWARE\WOW6432Node\Realtek Semiconductor Corp.\Realtek Card Reader
Key: SOFTWARE\WOW6432Node\Realtek Semiconductor Corp.\Realtek Card Reader\1.00.0000
Key: SOFTWARE\WOW6432Node\Rockstar Games
Key: SOFTWARE\WOW6432Node\Rockstar Games\Grand Theft Auto V
Key: SOFTWARE\WOW6432Node\Rockstar Games\Launcher
Key: SOFTWARE\WOW6432Node\SRS Labs
Key: SOFTWARE\WOW6432Node\SRS Labs\APO
Key: SOFTWARE\WOW6432Node\Tencent
Key: SOFTWARE\WOW6432Node\Valve
Key: SOFTWARE\WOW6432Node\Valve\Steam
Key: SOFTWARE\WOW6432Node\Valve\Steam\Apps
Key: SOFTWARE\WOW6432Node\Valve\Steam\Apps\0
Key: SOFTWARE\WOW6432Node\Valve\Steam\Apps\1134570
Key: SOFTWARE\WOW6432Node\Valve\Steam\Apps\578080
Key: SOFTWARE\WOW6432Node\Valve\Steam\Apps\730
Key: SOFTWARE\WOW6432Node\Valve\Steam\Apps\CommonRedist
Key: SOFTWARE\WOW6432Node\Valve\Steam\Apps\CommonRedist\DirectX
Key: SOFTWARE\WOW6432Node\Valve\Steam\Apps\CommonRedist\DirectX\Jun2010
Key: SOFTWARE\WOW6432Node\Valve\Steam\Apps\CommonRedist\vcredist
Key: SOFTWARE\WOW6432Node\Valve\Steam\Apps\CommonRedist\vcredist\2013
Key: SOFTWARE\WOW6432Node\Valve\Steam\Apps\CommonRedist\vcredist\2015
Key: SOFTWARE\WOW6432Node\Valve\Steam\Apps\CommonRedist\vcredist\2017
Key: SOFTWARE\WOW6432Node\Valve\Steam\Apps\CommonRedist\vcredist\2019
```

❖ REGISTOS USB (FICHEIRO DE TEXTO)

```
C:\Windows\System32\cmd.exe
Microsoft Windows [Version 10.0.19045.4170]
(c) Microsoft Corporation. All rights reserved.

D:\Python2>python logappend5.py
Which type of log do you want to generate? (software/usb/printer): software
Logs generated successfully in software_logs.txt.

D:\Python2>python logappend5.py
Which type of log do you want to generate? (software/usb/printer): usb
Logs generated successfully in usb_logs.txt.

D:\Python2>
```

```
Key: SYSTEM\ControlSet001\Control\DeviceClasses\{10497b1b-ba51-44e5-8318-a65c837b6661}\##?#SWD#WPDBUSENUM#_??_USBSTOR#Disk&Ven_Kingston&Prod_DataTraveler_2.0&Rev_1.00#2
Key: SYSTEM\ControlSet001\Control\DeviceClasses\{10497b1b-ba51-44e5-8318-a65c837b6661}\##?#SWD#WPDBUSENUM#_??_USBSTOR#Disk&Ven_Kingston&Prod_DataTraveler_2.0&Rev_1.00#2
Value: DeviceInstance = SWD\WPDBUSENUM\_??_USBSTOR#Disk&Ven_Kingston&Prod_DataTraveler_2.0&Rev_1.00#200001250000000000001295&0#{53f56307-b6bf-11d0-94f2-00a0c91efb8b}
Key: SYSTEM\ControlSet001\Control\DeviceClasses\{10497b1b-ba51-44e5-8318-a65c837b6661}\##?#SWD#WPDBUSENUM#_??_USBSTOR#Disk&Ven_SanDisk&Prod_Cruzer_Blade&Rev_1.00#4C530
Key: SYSTEM\ControlSet001\Control\DeviceClasses\{10497b1b-ba51-44e5-8318-a65c837b6661}\##?#SWD#WPDBUSENUM#_??_USBSTOR#Disk&Ven_SanDisk&Prod_Cruzer_Blade&Rev_1.00#4C530
Value: DeviceInstance = SWD\WPDBUSENUM\_??_USBSTOR#Disk&Ven_SanDisk&Prod_Cruzer_Blade&Rev_1.00#4C530002305201119580&0#{53f56307-b6bf-11d0-94f2-00a0c91efb8b}
Key: SYSTEM\ControlSet001\Control\DeviceClasses\{53f56307-b6bf-11d0-94f2-00a0c91efb8b}\##?#USBSTOR#Disk&Ven_Kingston&Prod_DataTraveler_2.0&Rev_1.00#2000012500000000
Key: SYSTEM\ControlSet001\Control\DeviceClasses\{53f56307-b6bf-11d0-94f2-00a0c91efb8b}\##?#USBSTOR#Disk&Ven_Kingston&Prod_DataTraveler_2.0&Rev_1.00#2000012500000000
Value: DeviceInstance = USBSTOR\Disk&Ven_Kingston&Prod_DataTraveler_2.0&Rev_1.00\200001250000000000001295&0
Key: SYSTEM\ControlSet001\Control\DeviceClasses\{53f56307-b6bf-11d0-94f2-00a0c91efb8b}\##?#USBSTOR#Disk&Ven_SanDisk&Prod_Cruzer_Blade&Rev_1.00#4C530002305201119580&0#{5
Key: SYSTEM\ControlSet001\Control\DeviceClasses\{53f56307-b6bf-11d0-94f2-00a0c91efb8b}\##?#USBSTOR#Disk&Ven_SanDisk&Prod_Cruzer_Blade&Rev_1.00#4C530002305201119580&0#{5
Value: DeviceInstance = USBSTOR\Disk&Ven_SanDisk&Prod_Cruzer_Blade&Rev_1.00\4C530002305201119580&0
Key: SYSTEM\ControlSet001\Control\DeviceClasses\{53f56307-b6bf-11d0-94f2-00a0c91efb8b}\##?#USBSTOR#Disk&Ven___Mass&Prod_Storage_Device&Rev_#116AC2101219&0#{53f56307-b6
Key: SYSTEM\ControlSet001\Control\DeviceClasses\{53f56307-b6bf-11d0-94f2-00a0c91efb8b}\##?#USBSTOR#Disk&Ven___Mass&Prod_Storage_Device&Rev_#116AC2101219&0#{53f56307-b6
```

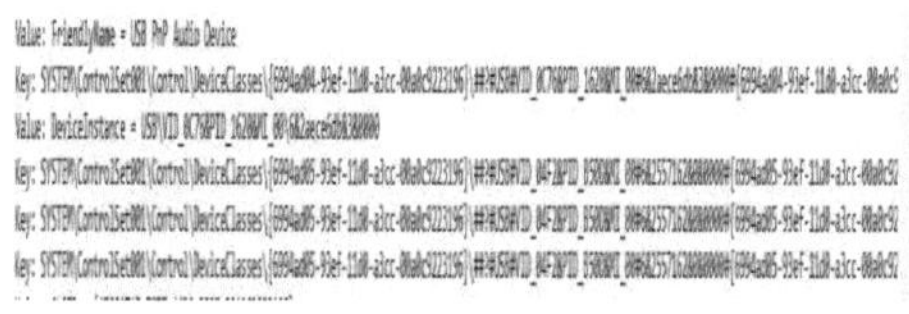

III. **GUI PARA LER TODOS OS REGISTOS DO REGISTO DO WINDOWS A PARTIR DE UM** SISTEMA **EM FUNCIONAMENTO**

Antes de criarmos uma GUI para ler todos os registos de registo do Windows que podem ser encontrados num determinado sistema em funcionamento, vamos ter uma ideia básica sobre cada tipo de registo de registo que pode ser encontrado em "HKEY_LOCAL_MACHINE" e que pode ser útil durante a investigação.

Uma das principais chaves de raiz no Registo do Windows, uma base de dados que o sistema operativo utiliza para armazenar opções e definições de configuração, é HKEY_LOCAL_MACHINE (HKLM). Inclui detalhes sobre o hardware, o software e outras configurações do sistema que são utilizadas pelo sistema operativo e pelas aplicações.

O HKLM está dividido em várias subchaves, cada uma com um objetivo específico:

1. HKEY_LOCAL_MACHINE\SYSTEM: Os controladores e serviços para o hardware atualmente instalado no computador estão armazenados nesta subchave. Inclui também o conjunto de controlo, que é utilizado para escolher os controladores e serviços a carregar quando o sistema arranca.
2. HKEY_LOCAL_MACHINE\SOFTWARE: As informações de configuração do software instalado, incluindo aplicações e software de sistema, estão contidas nesta subchave. Está ainda separada em chaves correspondentes a cada componente do sistema e da aplicação.
3. HKEY_LOCAL_MACHINE\SECURITY: Informações sobre segurança, tais como definições e políticas de segurança do sistema, estão contidas nesta subchave. Normalmente, o acesso a esta chave é limitado.
4. HKEY_LOCAL_MACHINE\SAM: A base de dados do Gestor de Contas de Segurança (SAM), que contém detalhes sobre contas e grupos de utilizadores, está localizada nesta subchave. Os procedimentos de permissão e autenticação dependem desses dados.
5. HKEY_LOCAL_MACHINE\HARDWARE: Esta subchave contém informações sobre o hardware do sistema no momento do último arranque. É criada dinamicamente e contém informações como os controladores de dispositivos e as respectivas configurações.

Utilizações comuns de HKEY_LOCAL_MACHINE:

- Configuração do sistema: O HKLM é utilizado para armazenar definições de todo o sistema que se aplicam a todos os utilizadores do computador. Isto inclui controladores de dispositivos, serviços e configurações de arranque do sistema.
- Definições de software: As aplicações armazenam definições de configuração em HKLM\SOFTWARE para manter a consistência entre perfis de utilizador.

• Definições de segurança: As chaves HKLM\SECURITY e HKLM\SAM desempenham um papel crítico na infraestrutura de segurança do Windows, gerindo políticas e informações de conta.

Agora que temos uma ideia básica sobre o que todos os registos podem ser encontrados em HKLM, vamos dar uma vista de olhos num script python que irá mostrar uma GUI básica para ler todos os registos de registo de HKLM e mostrar toda a informação útil através da GUI para que possa ser usada em qualquer sistema vivo para a sua investigação:

```
import tkinter as tk
from tkinter import messagebox, filedialog
import winreg

def generate_usb_logs():
    root_key = winreg.HKEY_LOCAL_MACHINE
    usb_keys = [
        "SYSTEM\\CurrentControlSet\\Enum\\USBSTOR",
    ]
    all_logs = []
    for key_path in usb_keys:
        logs = traverse_registry_for_friendly_name(root_key, key_path)
        all_logs += logs
    return all_logs

def generate_software_logs():
    root_key = winreg.HKEY_LOCAL_MACHINE
    software_keys = [
        "SOFTWARE\\Microsoft\\Windows\\CurrentVersion\\Uninstall",
    ]
    all_logs = []
    for key_path in software_keys:
        logs = traverse_registry_for_display_name(root_key, key_path)
        all_logs += logs
    return all_logs

def generate_printer_logs():
    # Function to generate printer logs
    root_key = winreg.HKEY_LOCAL_MACHINE
    printer_keys = [
        "SYSTEM\\CurrentControlSet\\Control\\Print\\Printers",
    ]
    all_logs = []
    for key_path in printer_keys:
        logs = traverse_registry_for_printer_name(root_key, key_path)
        all_logs += logs
    return all_logs
```

```
def generate_timezone_logs():
    # Function to generate timezone logs
    timezone_key_path = r"SYSTEM\ControlSet001\Control\TimeZoneInformation"
    timezone_info = traverse_registry_for_timezone(timezone_key_path)
    if timezone_info:
        return [f"Timezone: {timezone_info}"]
    else:
        return []

def generate_window_product_info_logs():
    # Function to generate Windows product information logs
    product_info_key_path = r"SOFTWARE\Microsoft\Windows NT\CurrentVersion"
    product_info = traverse_registry_for_window_product_info(product_info_key_path)
    if product_info:
        return [f"Windows Product Information: {product_info}"]
    else:
        return []

def generate_computer_name_logs():
    # Function to generate Windows computer name logs
    computer_name_key_path = r"SYSTEM\ControlSet001\Control\ComputerName\ComputerName"
    computer_name = traverse_registry_for_computer_name(computer_name_key_path)
    if computer_name:
        return [f"Windows Computer Name: {computer_name}"]
    else:
        return []

def generate_services_logs():
    # Function to generate Windows services logs
    services_key_path = r"SYSTEM\ControlSet001\Services"
    services_logs = traverse_registry_for_services(services_key_path)
    if services_logs:
        return services_logs
    else:
        return []
```

```
def generate_ntfs_last_access_logs():
    # Function to generate NTFS last accessed login logs
    ntfs_key_path = r"SYSTEM\ControlSet001\Control\FileSystem"
    ntfs_last_access_login = traverse_registry_for_ntfs_last_access(ntfs_key_path)
    if ntfs_last_access_login:
        return [f"NTFS Last Accessed Login: {ntfs_last_access_login}"]
    else:
        return []

def generate_dhcp_config_logs():
    # Function to generate Windows DMCP configuration logs
    dhcp_key_path = r"SYSTEM\ControlSet001\Services\Tcpip\Parameters\Interfaces"
    dhcp_config_logs = traverse_registry_for_dhcp_config(dhcp_key_path)
    if dhcp_config_logs:
        return dhcp_config_logs
    else:
        return []

def generate_legal_notice_logs():
    # Function to generate Legal Notice & Text logs
    legal_notice_key_path = r"SOFTWARE\Microsoft\Windows\CurrentVersion\Policies\System"
    legal_notice_text = traverse_registry_for_legal_notice(legal_notice_key_path)
    if legal_notice_text:
        return [f"Legal Notice & Text: {legal_notice_text}"]
    else:
        return []
```

```
def generate_autoruns_logs():
    autoruns_key_paths = [
        r"Software\Microsoft\Windows\CurrentVersion\Run",
        r"Software\Microsoft\Windows\CurrentVersion\RunOnce",
        r"Software\Microsoft\Windows\CurrentVersion\Run",
        r"Software\Microsoft\Windows\CurrentVersion\RunOnce"
    ]
    autoruns_logs = []
    for key_path in autoruns_key_paths:
        autoruns_logs += traverse_registry_for_autoruns(key_path)
    if autoruns_logs:
        return autoruns_logs
    else:
        print("No Autoruns logs found")
        return []

def generate_installed_apps_logs():
    installed_apps_key_paths = [
        r"SOFTWARE\Microsoft\Windows\CurrentVersion\Uninstall",
        r"SOFTWARE\Wow6432Node\Microsoft\Windows\CurrentVersion\Uninstall"
    ]
    installed_apps_logs = []
    for key_path in installed_apps_key_paths:
        installed_apps_logs += traverse_registry_for_installed_apps(key_path)
    if installed_apps_logs:
        return installed_apps_logs
    else:
        print("No Installed Applications logs found")
        return []
def generate_firewall_logs():
    firewall_logs = []
    profiles = {
        "Private": r"SYSTEM\ControlSet###\Services\SharedAccess\Parameters\Firewallpolicy\StandardProfile\EnableFirewall",
        "Public": r"SYSTEM\ControlSet###\Services\SharedAccess\Parameters\Firewallpolicy\PublicProfile\EnableFirewall",
        "Domain": r"SYSTEM\ControlSet###\Services\SharedAccess\Parameters\Firewallpolicy\DomainProfile\EnableFirewall"
    }
    for profile, path in profiles.items():
        state = get_firewall_state(path)
        if state is not None:
            firewall_logs.append(f"Firewall State ({profile}): {state}")
    return firewall_logs

def generate_rdp_logs():
    try:
        key_path = r"SYSTEM\ControlSet001\Control\TerminalServer"
        key = winreg.OpenKey(winreg.HKEY_LOCAL_MACHINE, key_path, 0, winreg.KEY_READ)
        rdp_state, _ = winreg.QueryValueEx(key, "fDenyTSConnections")
        return "On" if rdp_state == 1 else "Off"
    except FileNotFoundError:
        return None
    except PermissionError:
        return None
    except Exception as e:
        return None
    finally:
        try:
            winreg.CloseKey(key)
        except:
            pass
```

```python
def generate_network_history_logs():
    network_history = []
    # Network List Cache
    cache_key_path = r"SOFTWARE\Microsoft\Windows NT\CurrentVersion\NetworkList\Nla\Cache"
    cache_logs = traverse_registry_for_network_history(cache_key_path, "Cache")
    network_history.extend(cache_logs)

    # Unmanaged Networks
    unmanaged_key_path = r"SOFTWARE\Microsoft\Windows NT\CurrentVersion\NetworkList\Nla\Signatures\Unmanaged"
    unmanaged_logs = traverse_registry_for_network_history(unmanaged_key_path, "Unmanaged")
    network_history.extend(unmanaged_logs)

    # Managed Networks
    managed_key_path = r"SOFTWARE\Microsoft\Windows NT\CurrentVersion\NetworkList\Nla\Signatures\Managed"
    managed_logs = traverse_registry_for_network_history(managed_key_path, "Managed")
    network_history.extend(managed_logs)

    # Network Profiles
    profiles_key_path = r"SOFTWARE\Microsoft\Windows NT\CurrentVersion\NetworkList\Nla\Profiles"
    profiles_logs = traverse_registry_for_network_history(profiles_key_path, "Profiles")
    network_history.extend(profiles_logs)

    return network_history

def generate_shutdown_time_logs():
    key_path = r"HKLM\SYSTEM\ControlSet001\Control\Windows\ShutdownTime"
    shutdown_time = traverse_registry_for_shutdown_time(key_path)
    if shutdown_time:
        return [f"Shutdown Time: {shutdown_time}"]
    else:
        return ["Shutdown Time: Not available"]

def generate_applinit_dlls_logs():
    applinit_dlls_key_path = r"HKLM\Software\Microsoft\Windows NT\CurrentVersion\Windows"
    try:
        key = winreg.OpenKey(winreg.HKEY_LOCAL_MACHINE, applinit_dlls_key_path, 0, winreg.KEY_READ)
        applinit_dlls, _ = winreg.QueryValueEx(key, "AppInit_DLLs")
        return [f"AppInit DLLs: {applinit_dlls}"] if applinit_dlls else []
    except FileNotFoundError:
        return ["AppInit DLLs: Not available"]
    except PermissionError:
        return ["Permission denied to access registry"]
    except Exception as e:
        return [f"Error accessing registry: {str(e)}"]
    finally:
        try:
            winreg.CloseKey(key)
        except:
            pass

def generate_last_logged_in_user_logs():
    key_path = r"SOFTWARE\Microsoft\Windows\CurrentVersion\Authentication\LogonUI"
    try:
        key = winreg.OpenKey(winreg.HKEY_LOCAL_MACHINE, key_path, 0, winreg.KEY_READ)
        last_logged_in_user, _ = winreg.QueryValueEx(key, "LastLoggedOnUser")
        return [f"Last User Logged In: {last_logged_in_user}"] if last_logged_in_user else ["Last User Logged In: Not available"]
    except FileNotFoundError:
        return ["Last User Logged In: Not available"]
    except PermissionError:
        return ["Permission denied to access registry"]
    except Exception as e:
        return [f"Error accessing registry: {str(e)}"]
    finally:
        try:
            winreg.CloseKey(key)
        except:
            pass
```

```
def generate_user_sessions_logs():
    user_sessions_key_path = r"SOFTWARE\Microsoft\Windows\CurrentVersion\Authentication\LogonUI\SessionData"
    user_sessions_logs = traverse_registry_for_user_sessions(user_sessions_key_path)
    if user_sessions_logs:
        return user_sessions_logs
    else:
        return []

def generate_logs():
    choice = logs_choice.get()
    logs_text.delete(1.0, tk.END)  # Clear previous logs
    if choice == 1:
        logs = generate_usb_logs()
    elif choice == 2:
        logs = generate_software_logs()
    elif choice == 3:
        logs = generate_printer_logs()  # Call the function for printer logs
    elif choice == 4:
        logs = generate_timezone_logs()  # Call the function for timezone logs
    elif choice == 5:
        logs = generate_product_info_logs()  # Call the function for product info logs
    elif choice == 6:
        logs = generate_computer_name_logs()  # Call the function for computer name logs
    elif choice == 7:
        logs = generate_services_logs()  # Call the function for services logs
    elif choice == 8:
        logs = generate_ntfs_last_access_logs()  # Call the function for NTFS last access logs
    elif choice == 9:
        logs = generate_dhcp_config_logs()  # Call the function for DHCP configuration logs
    elif choice == 10:
        logs = generate_legal_notice_logs()  # Call the function for Legal Notice & Text logs
    elif choice == 11:
        logs = generate_autoruns_logs()  # Call the function for Autoruns logs
    elif choice == 12:
        logs = generate_installed_apps_logs()  # Call the function for Installed Applications logs
    elif choice == 13:  # Added option for Firewall state logs
        logs = generate_firewall_logs()
    elif choice == 14:
        logs = generate_rdp_logs()  # Call the function for RDP logs
    elif choice == 15:  # Added option for Network History logs
        logs = generate_network_history_logs()
    elif choice ==16:
        logs =generate_shutdown_time_logs()
    elif choice == 17:
        logs = generate_applinit_dlls_logs()
    elif choice == 18:
        logs = generate_last_logged_in_user_logs()
    elif choice == 19:
        logs = generate_user_sessions_logs()

    else:
        messagebox.showerror("Error", "Invalid choice. Please select a valid option.")
        return
    if logs:
        for log in logs:
            logs_text.insert(tk.END, log + "\n")
    else:
        logs_text.insert(tk.END, "No logs found.")
```

```python
def traverse_registry_for_friendly_name(root_key, key_path):
    logs = []
    try:
        key = winreg.OpenKey(root_key, key_path, 0, winreg.KEY_READ)
        subkey_count, _, _ = winreg.QueryInfoKey(key)
        for i in range(subkey_count):
            subkey_name = winreg.EnumKey(key, i)
            logs.append(f"USB Device: {subkey_name}")
    except FileNotFoundError:
        pass
    except PermissionError:
        pass
    except Exception as e:
        pass
    finally:
        try:
            winreg.CloseKey(key)
        except:
            pass
    return logs

def traverse_registry_for_display_name(root_key, key_path):
    logs = []
    try:
        key = winreg.OpenKey(root_key, key_path, 0, winreg.KEY_READ)
        subkey_count, _, _ = winreg.QueryInfoKey(key)
        for i in range(subkey_count):
            subkey_name = winreg.EnumKey(key, i)
            subkey_path = f"{key_path}\\{subkey_name}"
            try:
                subkey = winreg.OpenKey(root_key, subkey_path, 0, winreg.KEY_READ)
                display_name, _ = winreg.QueryValueEx(subkey, "DisplayName")
                location, _ = winreg.QueryValueEx(subkey, "InstallLocation")  # Get install location
                logs.append(f"Software: {display_name}, Location: {location}" if location else f"Software: {display_name}, Location: Not Available")
            except FileNotFoundError:
                pass
            except PermissionError:
                pass
            except Exception as e:
                pass
            finally:
                try:
                    winreg.CloseKey(subkey)
                except:
                    pass
    except FileNotFoundError:
        pass
    except PermissionError:
        pass
    except Exception as e:
        pass
    finally:
        try:
            winreg.CloseKey(key)
        except:
            pass
    return logs

def traverse_registry_for_printer_name(root_key, key_path):
    logs = []
    try:
        key = winreg.OpenKey(root_key, key_path, 0, winreg.KEY_READ)
        subkey_count, _, _ = winreg.QueryInfoKey(key)
        for i in range(subkey_count):
            subkey_name = winreg.EnumKey(key, i)
            subkey_path = f"{key_path}\\{subkey_name}"
            try:
                subkey = winreg.OpenKey(root_key, subkey_path, 0, winreg.KEY_READ)
                _, value_type = winreg.QueryValueEx(subkey, "PrinterDriver")
                if value_type == winreg.REG_SZ:
                    logs.append(f"Printer: {subkey_name}")
            except FileNotFoundError:
                pass
            except PermissionError:
                pass
            except Exception as e:
                pass
            finally:
                try:
                    winreg.CloseKey(subkey)
                except:
```

```
                pass
    except FileNotFoundError:
        pass
    except PermissionError:
        pass
    except Exception as e:
        pass
    finally:
        try:
            winreg.CloseKey(key)
        except:
            pass
    return logs

def traverse_registry_for_timezone(key_path):
    try:
        key = winreg.OpenKey(winreg.HKEY_LOCAL_MACHINE, key_path, 0, winreg.KEY_READ)
        timezone_name, _ = winreg.QueryValueEx(key, "TimeZoneKeyName")
        return timezone_name
    except FileNotFoundError:
        return None
    except PermissionError:
        return None
    except Exception as e:
        return None
    finally:
        try:
            winreg.CloseKey(key)
        except:
            pass

def traverse_registry_for_window_product_info(key_path):
    try:
        key = winreg.OpenKey(winreg.HKEY_LOCAL_MACHINE, key_path, 0, winreg.KEY_READ)
        product_name, _ = winreg.QueryValueEx(key, "ProductName")
        product_version, _ = winreg.QueryValueEx(key, "CurrentVersion")
        return f"{product_name} (Version {product_version})"
    except FileNotFoundError:
        return None
    except PermissionError:
        return None
```

```
    except Exception as e:
        return None
    finally:
        try:
            winreg.CloseKey(key)
        except:
            pass

def traverse_registry_for_computer_name(key_path):
    try:
        key = winreg.OpenKey(winreg.HKEY_LOCAL_MACHINE, key_path, 0, winreg.KEY_READ)
        computer_name, _ = winreg.QueryValueEx(key, "ComputerName")
        return computer_name
    except FileNotFoundError:
        return None
    except PermissionError:
        return None
    except Exception as e:
        return None
    finally:
        try:
            winreg.CloseKey(key)
        except:
            pass

def traverse_registry_for_services(key_path):
    services_logs = []
    try:
        key = winreg.OpenKey(winreg.HKEY_LOCAL_MACHINE, key_path, 0, winreg.KEY_READ)
        subkey_count, _, _ = winreg.QueryInfoKey(key)
        for i in range(subkey_count):
            subkey_name = winreg.EnumKey(key, i)
            subkey_path = f"{key_path}\\{subkey_name}"
            start_type = get_service_start_type(subkey_path)
            services_logs.append(f"Service: {subkey_name}, Start Type: {start_type}")
    except FileNotFoundError:
        pass
    except PermissionError:
        pass
    except Exception as e:
        pass
```

```
    finally:
        try:
            winreg.CloseKey(key)
        except:
            pass
    return services_logs

def get_service_start_type(service_path):
    try:
        key = winreg.OpenKey(winreg.HKEY_LOCAL_MACHINE, service_path, 0, winreg.KEY_READ)
        start_type, _ = winreg.QueryValueEx(key, "Start")
        return start_type
    except FileNotFoundError:
        return "Unknown"
    except PermissionError:
        return "Unknown"
    except Exception as e:
        return "Unknown"
    finally:
        try:
            winreg.CloseKey(key)
        except:
            pass
#0=boot, 1= system, 2=automatic,3= manual, 4=disabled

def traverse_registry_for_ntfs_last_access(key_path):
    try:
        key = winreg.OpenKey(winreg.HKEY_LOCAL_MACHINE, key_path, 0, winreg.KEY_READ)
        ntfs_last_access_login, _ = winreg.QueryValueEx(key, "NtfsDisableLastAccessUpdate")
        return "Enabled" if ntfs_last_access_login == 0 else "Disabled"
    except FileNotFoundError:
        return None
    except PermissionError:
        return None
    except Exception as e:
        return None
    finally:
        try:
            winreg.CloseKey(key)
        except:


            pass

def traverse_registry_for_dhcp_config(key_path):
    dhcp_config_logs = []
    try:
        key = winreg.OpenKey(winreg.HKEY_LOCAL_MACHINE, key_path, 0, winreg.KEY_READ)
        subkey_count, _, _ = winreg.QueryInfoKey(key)
        for i in range(subkey_count):
            subkey_name = winreg.EnumKey(key, i)
            interface_key_path = f"{key_path}\\{subkey_name}"
            dhcp_ip_address = get_dhcp_ip_address(interface_key_path)
            if dhcp_ip_address:
                dhcp_config_logs.append(f"Interface: {subkey_name}, DHCP IP Address: {dhcp_ip_address}")
    except FileNotFoundError:
        pass
    except PermissionError:
        pass
    except Exception as e:
        pass
    finally:
        try:
            winreg.CloseKey(key)
        except:
            pass
    return dhcp_config_logs

def get_dhcp_ip_address(interface_path):
    try:
        key = winreg.OpenKey(winreg.HKEY_LOCAL_MACHINE, interface_path, 0, winreg.KEY_READ)
        dhcp_ip_address, _ = winreg.QueryValueEx(key, "DhcpIPAddress")
        return dhcp_ip_address
    except FileNotFoundError:
        return None
    except PermissionError:
        return None
    except Exception as e:
        return None
    finally:
        try:
            winreg.CloseKey(key)
        except:
```

```
            pass

def generate_legal_notice_logs():
    # Function to generate Legal Notice & Text logs
    legal_notice_key_path = r"SOFTWARE\Microsoft\Windows\CurrentVersion\Policies\System"
    try:
        key = winreg.OpenKey(winreg.HKEY_LOCAL_MACHINE, legal_notice_key_path, 0, winreg.KEY_READ)
        legal_notice_caption, _ = winreg.QueryValueEx(key, "legalnoticecaption")
        legal_notice_text, _ = winreg.QueryValueEx(key, "legalnoticetext")
        legal_notice_text = f"{legal_notice_caption}\n{legal_notice_text}"
        return [f"Legal Notice & Text: {legal_notice_text}"]
    except FileNotFoundError:
        return ["Legal Notice & Text: No legal notice or text found"]
    except PermissionError:
        return ["Legal Notice & Text: Permission denied to access registry"]
    except Exception as e:
        return ["Legal Notice & Text: Error accessing registry - " + str(e)]
    finally:
        try:
            winreg.CloseKey(key)
        except:
            pass

def traverse_registry_for_autoruns(key_path):
    autoruns_logs = []
    try:
        key = winreg.OpenKey(winreg.HKEY_LOCAL_MACHINE, key_path, 0, winreg.KEY_READ)
        subkey_count, _, _ = winreg.QueryInfoKey(key)
        print(f"Subkey count for {key_path}: {subkey_count}")  # Debug print
        for i in range(subkey_count):
            subkey_name, subkey_value, _ = winreg.EnumValue(key, i)
            autoruns_logs.append(f"Registry Path: {key_path}, Entry Name: {subkey_name}, Value: {subkey_value}")
    except FileNotFoundError:
        print(f"Registry key {key_path} not found")  # Debug print
    except PermissionError:
        print(f"Permission denied to access registry key {key_path}")  # Debug print
    except Exception as e:
        print(f"Error accessing registry key {key_path}: {e}")  # Debug print
    finally:
        try:
            winreg.CloseKey(key)

        except:
            pass
    return autoruns_logs

def generate_installed_apps_logs():
    installed_apps_logs = []
    try:
        key_paths = [
            r"SOFTWARE\Microsoft\Windows\CurrentVersion\Uninstall",
            r"SOFTWARE\Wow6432Node\Microsoft\Windows\CurrentVersion\Uninstall"
        ]
        for key_path in key_paths:
            try:
                key = winreg.OpenKey(winreg.HKEY_LOCAL_MACHINE, key_path, 0, winreg.KEY_READ | winreg.KEY_WOW64_64KEY)
                subkey_count, _, _ = winreg.QueryInfoKey(key)
                for i in range(subkey_count):
                    subkey_name = winreg.EnumKey(key, i)
                    subkey_path = f"{key_path}\\{subkey_name}"
                    try:
                        subkey = winreg.OpenKey(winreg.HKEY_LOCAL_MACHINE, subkey_path, 0, winreg.KEY_READ | winreg.KEY_WOW64_64KEY)
                        display_name, _ = winreg.QueryValueEx(subkey, "DisplayName")
                        installed_apps_logs.append(display_name)
                        winreg.CloseKey(subkey)
                    except Exception as subkey_error:
                        pass
                winreg.CloseKey(key)
            except Exception as key_error:
                pass
    except Exception as e:
        pass
    finally:
        return installed_apps_logs

def get_firewall_state(key_path):
    try:
        key = winreg.OpenKey(winreg.HKEY_LOCAL_MACHINE, key_path, 0, winreg.KEY_READ)
        state, _ = winreg.QueryValueEx(key, "EnableFirewall")
        return "On" if state == 1 else "Off"
    except FileNotFoundError:
        return None
    except PermissionError:
```

```
        return None
    except Exception as e:
        return None
    finally:
        try:
            winreg.CloseKey(key)
        except:
            pass

def generate_rdp_logs():
    try:
        key_path = r"SYSTEM\ControlSet001\Control\TerminalServer"
        key = winreg.OpenKey(winreg.HKEY_LOCAL_MACHINE, key_path, 0, winreg.KEY_READ)
        rdp_state, _ = winreg.QueryValueEx(key, "fDenyTSConnections")
        print("RDP State:", rdp_state)  # Debug print
        return "On" if rdp_state == 1 else "Off"
    except FileNotFoundError:
        print("RDP key not found")  # Debug print
        return None
    except PermissionError:
        print("Permission denied to access RDP key")  # Debug print
        return None
    except Exception as e:
        print("Error accessing RDP key:", e)  # Debug print
        return None
    finally:
        try:
            winreg.CloseKey(key)
        except:
            pass

def traverse_registry_for_network_history(key_path, network_type):
    network_logs = []
    try:
        key = winreg.OpenKey(winreg.HKEY_LOCAL_MACHINE, key_path, 0, winreg.KEY_READ)
        subkey_count, _, _ = winreg.QueryInfoKey(key)
        for i in range(subkey_count):
            subkey_name = winreg.EnumKey(key, i)
            subkey_path = f"{key_path}\\{subkey_name}"
            network_logs.append(f"Network Type: {network_type}, Subkey Name: {subkey_name}")
            # You can extract more information from each subkey if needed


    except FileNotFoundError:
        pass
    except PermissionError:
        pass
    except Exception as e:
        pass
    finally:
        try:
            winreg.CloseKey(key)
        except:
            pass
    return network_logs

def traverse_registry_for_shutdown_time(key_path):
    try:
        key = winreg.OpenKey(winreg.HKEY_LOCAL_MACHINE, key_path, 0, winreg.KEY_READ)
        shutdown_time, _ = winreg.QueryValueEx(key, "ShutdownTime")
        return shutdown_time
    except FileNotFoundError:
        return None
    except PermissionError:
        return None
    except Exception as e:
        return None
    finally:
        try:
            winreg.CloseKey(key)
        except:
            pass

def traverse_registry_for_applinit_dlls():
    applinit_dlls_path = r"HKLM\Software\Microsoft\Windows NT\CurrentVersion\Windows"
    try:
        key = winreg.OpenKey(winreg.HKEY_LOCAL_MACHINE, applinit_dlls_path, 0, winreg.KEY_READ)
        applinit_dlls, _ = winreg.QueryValueEx(key, "AppInit_DLLs")
        return applinit_dlls if applinit_dlls else "Not available"
    except FileNotFoundError:
        return "Not available"
    except PermissionError:
        return "Permission denied to access registry"
    except Exception as e:
```

```
        return f"Error accessing registry: {str(e)}"
    finally:
        try:
            winreg.CloseKey(key)
        except:
            pass

def generate_last_logged_in_user_logs():
    key_path = r"SOFTWARE\Microsoft\Windows\CurrentVersion\Authentication\LogonUI"
    try:
        key = winreg.OpenKey(winreg.HKEY_LOCAL_MACHINE, key_path, 0, winreg.KEY_READ)
        last_logged_in_user, _ = winreg.QueryValueEx(key, "LastLoggedOnUser")
        return [f"Last User Logged In: {last_logged_in_user}"] if last_logged_in_user else ["Last User Logged In: Not available"]
    except FileNotFoundError:
        return ["Last User Logged In: Not available"]
    except PermissionError:
        return ["Permission denied to access registry"]
    except Exception as e:
        return [f"Error accessing registry: {str(e)}"]
    finally:
        try:
            winreg.CloseKey(key)
        except:
            pass

def traverse_registry_for_user_sessions(key_path):
    user_sessions_logs = []
    try:
        key = winreg.OpenKey(winreg.HKEY_LOCAL_MACHINE, key_path, 0, winreg.KEY_READ)
        subkey_count, _, _ = winreg.QueryInfoKey(key)
        for i in range(subkey_count):
            subkey_name = winreg.EnumKey(key, i)
            user_session_path = f"{key_path}\\{subkey_name}"
            user_name = get_user_name_from_session(user_session_path)
            if user_name:
                user_sessions_logs.append(f"User Session: {user_name}")
    except FileNotFoundError:
        pass
    except PermissionError:
        pass
    except Exception as e:


    except Exception as e:
        pass
    finally:
        try:
            winreg.CloseKey(key)
        except:
            pass
    return user_sessions_logs

def get_user_name_from_session(session_path):
    try:
        key = winreg.OpenKey(winreg.HKEY_LOCAL_MACHINE, session_path, 0, winreg.KEY_READ)
        user_name, _ = winreg.QueryValueEx(key, "LoggedOnUser")
        return user_name
    except FileNotFoundError:
        return None
    except PermissionError:
        return None
    except Exception as e:
        return None
    finally:
        try:
            winreg.CloseKey(key)
        except:
            pass
# Define other traversal functions similarly

def save_logs():
    logs = logs_text.get(1.0, tk.END)
    if not logs.strip():
        messagebox.showerror("Error", "No logs to save.")
        return
    filename = filedialog.asksaveasfilename(defaultextension=".txt", filetypes=[("Text files", "*.txt"), ("All files", "*.*")])
    if filename:
        with open(filename, "w") as file:
            file.write(logs)
        messagebox.showinfo("Success", "Logs saved successfully.")

root = tk.Tk()
root.title("Log Generation")
root.geometry("400x450")
```

```python
logs_choice = tk.IntVar()

usb_logs_btn = tk.Radiobutton(root, text="USB Logs", variable=logs_choice, value=1)
usb_logs_btn.pack(anchor=tk.W)

software_logs_btn = tk.Radiobutton(root, text="Software Logs", variable=logs_choice, value=2)
software_logs_btn.pack(anchor=tk.W)

printer_logs_btn = tk.Radiobutton(root, text="Printer Logs", variable=logs_choice, value=3)
printer_logs_btn.pack(anchor=tk.W)

timezone_logs_btn = tk.Radiobutton(root, text="Timezone Logs", variable=logs_choice, value=4)
timezone_logs_btn.pack(anchor=tk.W)

window_product_info_logs_btn = tk.Radiobutton(root, text="Windows Product Info Logs", variable=logs_choice, value=5)
window_product_info_logs_btn.pack(anchor=tk.W)

computer_name_logs_btn = tk.Radiobutton(root, text="Windows Computer Name Logs", variable=logs_choice, value=6)
computer_name_logs_btn.pack(anchor=tk.W)

services_logs_btn = tk.Radiobutton(root, text="Windows Services Logs", variable=logs_choice, value=7)
services_logs_btn.pack(anchor=tk.W)

ntfs_last_access_logs_btn = tk.Radiobutton(root, text="NTFS Last Access Logs", variable=logs_choice, value=8)
ntfs_last_access_logs_btn.pack(anchor=tk.W)

dhcp_config_logs_btn = tk.Radiobutton(root, text="Windows DHCP Config Logs", variable=logs_choice, value=9)
dhcp_config_logs_btn.pack(anchor=tk.W)

legal_notice_logs_btn = tk.Radiobutton(root, text="Legal Notice & Text Logs", variable=logs_choice, value=10)
legal_notice_logs_btn.pack(anchor=tk.W)

autoruns_logs_btn = tk.Radiobutton(root, text="Autoruns Logs", variable=logs_choice, value=11)
autoruns_logs_btn.pack(anchor=tk.W)

installed_apps_logs_btn = tk.Radiobutton(root, text="Installed Applications Logs", variable=logs_choice, value=12)
installed_apps_logs_btn.pack(anchor=tk.W)

firewall_logs_btn = tk.Radiobutton(root, text="firewall Logs", variable=logs_choice, value=13)
firewall_logs_btn.pack(anchor=tk.W)


RDP_logs_btn = tk.Radiobutton(root, text="RDP Logs", variable=logs_choice, value=14)
RDP_logs_btn.pack(anchor=tk.W)

network_history_logs_btn = tk.Radiobutton(root, text="Network History Logs", variable=logs_choice, value=15)
network_history_logs_btn.pack(anchor=tk.W)

shutdown_time_logs_btn = tk.Radiobutton(root, text="Shutdown Time", variable=logs_choice, value=16)
shutdown_time_logs_btn.pack(anchor=tk.W)

applinit_dlls_logs_btn = tk.Radiobutton(root, text="Applinit DLLs Logs", variable=logs_choice, value=17)
applinit_dlls_logs_btn.pack(anchor=tk.W)

last_logged_in_user_logs_btn = tk.Radiobutton(root, text="last logged ", variable=logs_choice, value=18)
last_logged_in_user_logs_btn.pack(anchor=tk.W)

user_sessions_logs_btn = tk.Radiobutton(root, text="User Sessions Logs", variable=logs_choice, value=19)
user_sessions_logs_btn.pack(anchor=tk.W)


# Add radio buttons for other log types

generate_btn = tk.Button(root, text="Generate Logs", command=generate_logs)
generate_btn.pack()

save_btn = tk.Button(root, text="Save Logs", command=save_logs)
save_btn.pack()

logs_text = tk.Text(root, height=20, width=50)
logs_text.pack()

root.mainloop()
```

O código Python acima mostra os diferentes tipos de registos que podem ser encontrados em HKLM e a GUI correspondente, para que possamos obter todos os registos acima mencionados de um sistema em funcionamento sempre que executarmos este script Python nele.

1. REGISTOS USB: Mostra todos os nomes dos dispositivos USB que foram ligados nesse sistema específico.
2. REGISTOS DE SOFTWARE: Mostra todos os nomes do Software que foram instalados nesse sistema em particular, juntamente com as suas respectivas localizações.
3. REGISTOS DE IMPRESSORAS: Mostra todos os nomes das impressoras que estavam ligadas nesse sistema específico.
4. REGISTOS DE FUSO HORÁRIO: Mostra as informações sobre o fuso horário desse sistema específico.
5. REGISTOS DE INFORMAÇÕES SOBRE O PRODUTO WINDOWS: Mostra as informações do produto desse sistema específico.

6. REGISTOS DO NOME DO COMPUTADOR DO WINDOWS: Mostra o nome desse sistema específico.
7. REGISTOS DE SERVIÇOS DO WINDOWS: Mostra as informações sobre todos os serviços em segundo plano que estão a ser executados num determinado sistema.
8. REGISTOS DE ÚLTIMO ACESSO NTFS: Mostra as informações sobre o último acesso do sistema de ficheiros NTFS.
9. REGISTOS DE CONFIGURAÇÃO DO WINDOWS DHCP: Mostra as informações sobre o Protocolo de Configuração Dinâmica de Anfitrião que atribui dinamicamente endereços IP a cada anfitrião na rede de um determinado sistema.
10. REGISTOS DE AVISOS LEGAIS E DE TEXTO: Mostra os registos sobre avisos legais e registos de texto de um determinado sistema.
11. REGISTOS DE EXECUÇÕES AUTOMÁTICAS: Mostra os registos de todas as execuções automáticas que estão a ser executadas em segundo plano enquanto um determinado software está a ser executado no sistema ou quando um utilizador inicia sessão na sua conta.
12. REGISTOS DE APLICAÇÕES INSTALADOS: Mostra informações sobre os registos de aplicações que são uma parte crítica da gestão de registos e podem ajudar a manter a sua empresa a funcionar sem problemas e em segurança.
13. REGISTOS DE FIREWALL: Mostra todos os registos relacionados com as firewalls de um determinado sistema.
14. RDP LOGS: Mostra os registos sobre o Protocolo de Ambiente de Trabalho Remoto que cria ligações seguras entre clientes, servidores e máquinas virtuais.
15. REGISTOS DO HISTÓRICO DA REDE: Mostra os registos sobre as ligações de rede de um determinado sistema.
16. SHUTDOWN TIME (Hora de encerramento): Mostra os registos sobre a hora de encerramento de um determinado sistema.
17. ÚLTIMO LOGGED: Mostra a informação sobre o último utilizador com sessão iniciada num determinado sistema.
18. REGISTOS DE SESSÕES DE UTILIZADOR: Mostra os registos sobre todas as sessões de utilizador num determinado sistema.

□ OUTPUTS

➢ INTERFACE GUI GERAL:

➢ REGISTOS USB:

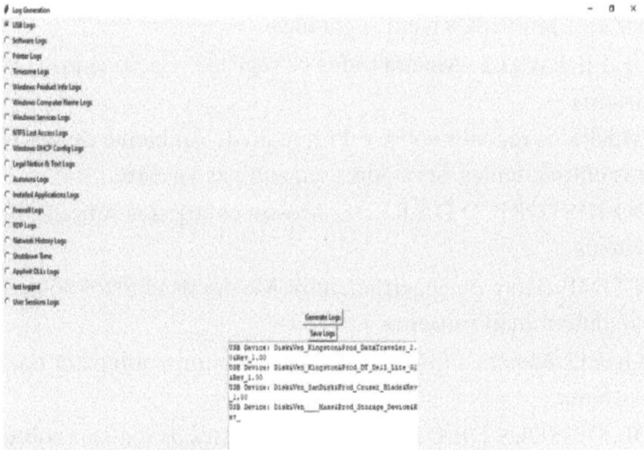

REGISTOS DE SOFTWARE:

➢ REGISTOS DE SERVIÇOS DO WINDOWS

REGISTOS DO FUSO HORÁRIO

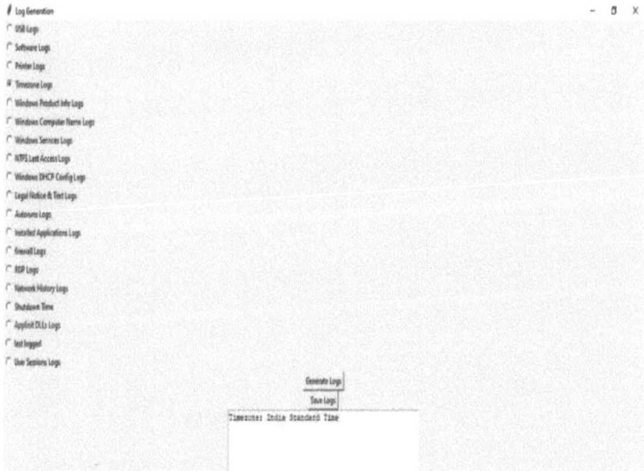

➢ REGISTOS DE APLICAÇÕES INSTALADAS

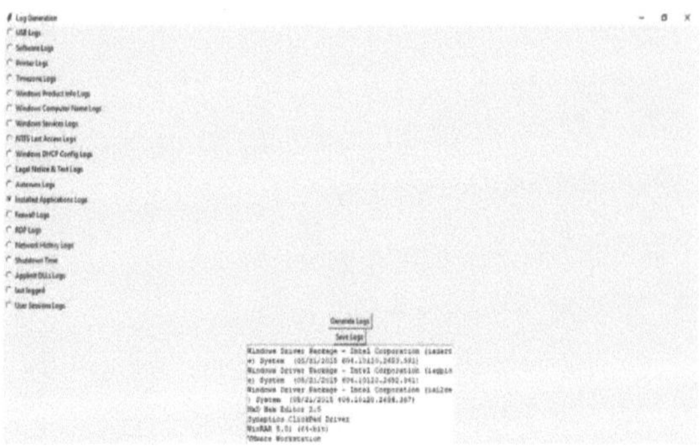

REGISTOS DE CONFIGURAÇÃO DO WINDOWS DHCP

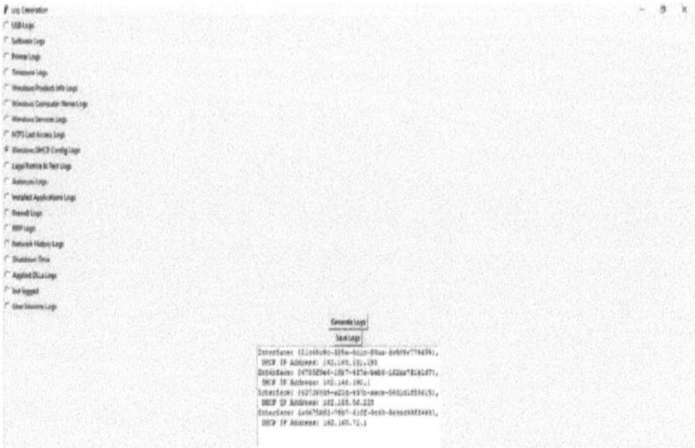

➢ REGISTOS DE NOMES DE COMPUTADORES WINDOWS

➢ ÚLTIMO LOGGED

➢ REGISTOS DE SESSÕES DE UTILIZADORES

Um aspeto importante é que não é necessário encontrar todos os registos acima mencionados num determinado sistema. Isto pode ser explicado com um exemplo simples: suponhamos que um determinado sistema tem de ser investigado em relação a todos os registos e que esse sistema específico nunca foi ligado a uma impressora. Assim, neste caso, os registos da impressora não serão gerados para esse sistema específico.

Um outro grande desafio que surge durante a análise dos registos do registo é a sua eliminação pelo criminoso/atacante. O criminoso/atacante pode acabar por apagar manualmente os registos do registo, o que pode resultar no bloqueio do Windows e, consequentemente, no bloqueio geral do sistema.

As chaves do registo são importantes para a funcionalidade do seu computador e dos programas instalados. Embora a eliminação dos registos do registo possa resultar no bloqueio do sistema, existem algumas formas que podem ser implementadas para eliminar com êxito os registos do registo sem resultar no bloqueio do Windows. No entanto, isto requer artigos baseados em conhecimentos especiais ou pessoal de apoio técnico.

DESAFIOS ENFRENTADOS DURANTE A ANÁLISE DOS REGISTOS DE REGISTOS

Gerir e analisar os registos do registo no Windows pode ser um desafio devido a vários factores. Aqui estão alguns dos principais desafios:

1. Volume e complexidade:

▪ Grande volume: Os registos do registo podem ser grandes, especialmente em configurações com muitos computadores e modificações frequentes. Pode ser difícil de manusear e esmagador devido à grande quantidade de dados.
▪ Estrutura complexa: O Registo do Windows é difícil de navegar e compreender, uma vez que é uma base de dados hierárquica com inúmeras chaves e valores.

2. Interpretação dos dados:

▪ Entradas inconsistentes: O formato e o conteúdo das entradas de registo podem ser muito diferentes, o que torna difícil o desenvolvimento de ferramentas de análise e análise uniformes.
▪ Falta de documentação: A falta de documentação adequada para muitas chaves e valores do registo dificulta a compreensão da sua importância e efeitos.

3. Impacto no desempenho:

▪ Intensivo em recursos: O desempenho pode ser afetado pelo registo e monitorização constantes das alterações do registo, que podem utilizar uma grande quantidade de recursos do sistema.
▪ Latência: Se as ferramentas de monitorização em tempo real não estiverem corretamente optimizadas, podem causar atrasos ou abrandar as operações do sistema.

4. Preocupações com a segurança:

▪ Acesso não autorizado: Os registos de registo encriptados contêm dados privados. Os utilizadores não autorizados podem ter acesso e alterá-los se não estiverem adequadamente protegidos.
▪ Alteração: Para ocultar as suas acções, os agentes maliciosos podem modificar os registos do registo, tornando a análise forense e a resposta a incidentes mais difícil.

5. Armazenamento e conservação:

▪ Gestão do espaço: O armazenamento a longo prazo do registo de logs necessita de uma capacidade de armazenamento substancial e de técnicas eficientes de gestão do espaço.
▪ Políticas de retenção: Pode ser difícil implementar e aplicar políticas de retenção que estabeleçam um equilíbrio entre a capacidade de armazenamento e os requisitos de conformidade.

6. Análise e correlação:

▪ Integração com outros registos: Poderá ser difícil correlacionar os registos do registo com outros registos do sistema (tais como registos de aplicações e de segurança) para obter uma imagem completa das ocorrências do sistema.
▪ Ferramentas e automatização: É bastante difícil encontrar e pôr em prática soluções que automatizem eficazmente a recolha, análise e correlação de registos sem causar despesas excessivas.

7. Usabilidade:

▪ Ferramentas fáceis de utilizar: Muitos dos programas de gestão de registos de registo que estão atualmente no mercado são difíceis de utilizar e necessitam de formação específica para serem utilizados corretamente.
▪ Personalização: A adaptação de ferramentas e scripts a requisitos organizacionais específicos pode ser um processo trabalhoso que requer conhecimentos significativos.

8. Conformidade e questões jurídicas:

▪ Requisitos regulamentares: Outro nível de complicação é a garantia de que os registos do registo são mantidos em conformidade com as normas legais e regulamentares pertinentes.
▪ Preparação para auditorias: O rigor do processo e a documentação precisa são necessários durante a preparação e o tratamento das auditorias ao registo de dados.

Para ultrapassar estes obstáculos, as empresas têm frequentemente de fazer investimentos em programas de software específicos, criar políticas e procedimentos sólidos e garantir que o seu pessoal de TI tem formação adequada para tratar e avaliar os registos de cadastro.

IMPORTÂNCIA DOS REGISTOS DO REGISTO

Os registos do registo são essenciais para a funcionalidade e segurança dos sistemas operativos Windows. Mantêm o registo das modificações efectuadas no registo do sistema, uma base de dados hierárquica que aloja informações de configuração de baixo nível para o sistema operativo e quaisquer programas que optem por utilizá-lo.
Eis alguns aspectos importantes dos registos de registo:
1. Objetivo e função

▪ Os registos do registo são úteis para acompanhar as alterações de configuração efectuadas a aplicações e sistemas na gestão da configuração. Guardam configurações importantes, tais como serviços de sistema, preferências de aplicações e configurações de controladores de dispositivos.

▪ Os registos do registo podem ajudar na resolução de problemas, fornecendo informações sobre as alterações efectuadas e quando, o que pode ajudar no diagnóstico e resolução de problemas.

▪ As alterações não autorizadas por malware ou hackers, bem como as alterações no registo, podem ser indicadores de problemas de segurança.

2. Componentes principais

▪ Hives: O registo está organizado em partes, ou "hives", cada uma das quais representa um componente específico do sistema. HKEY_LOCAL_MACHINE (HKLM), HKEY_CURRENT_USER (HKCU) e HKEY_CLASSES_ROOT (HKCR) são os três principais hives.

▪ Chaves e valores: As informações são organizadas em colmeias de acordo com chaves, que se assemelham a pastas, e valores, que se assemelham a ficheiros. Cada valor tem um determinado tipo, como DWORD, binário ou texto.

3. Controlo de alterações

▪ Última configuração válida: Se as modificações recentes estiverem a causar problemas, o Windows mantém uma cópia de segurança do registo, designada por Última Configuração Conhecida, que pode ser utilizada para restaurar um estado estável.

▪ Registo de eventos: Os eventos relacionados com o registo, tais como modificações de chaves e valores, são registados pelo Visualizador de Eventos do Windows. As investigações forenses e a auditoria podem beneficiar com isto.

4. Problemas comuns

▪ Corrupção: A instabilidade ou incapacidade do sistema para arrancar pode resultar da corrupção do registo. Este perigo é reduzido com a utilização de protocolos de encerramento adequados e cópias de segurança de rotina.

▪ Inchaço: Os itens não utilizados ou duplicados podem acumular-se ao longo do tempo e resultar em inchaço, o que pode prejudicar a eficiência do sistema. Os limpadores de registos são uma ferramenta que pode ajudar nesta situação, mas deve ser utilizada com cuidado.

5. Cópia de segurança e recuperação

▪ Cópias de segurança automáticas: Antes das principais actualizações e em intervalos regulares, o Windows faz automaticamente uma cópia de segurança do registo. Pode utilizá-las para ajudar na sua reabilitação.

▪ Cópias de segurança manuais: No caso de problemas graves, os utilizadores podem certificar-se de que têm estados recuperáveis exportando manualmente os arquivos do registo ou utilizando pontos de restauro do sistema.

6. Edição e ferramentas

▪ Uma ferramenta integrada no Windows chamada Editor de Registo (Regedit) permite aos utilizadores examinar e alterar o registo. Deve ser utilizada com cuidado, uma vez que fazer os ajustes errados pode ter consequências graves.

▪ Scripting e automatização: Ao automatizar as alterações ao registo, o PowerShell e outras ferramentas de scripting podem melhorar a eficiência da gestão em grande escala.

7. Melhores práticas

▪ Documentação: A monitorização e a compreensão dos efeitos das alterações do registo podem ser conseguidas através da manutenção de um registo de todas as alterações efectuadas.

▪ Modificações mínimas: Para reduzir a possibilidade de erros e instabilidade, faça apenas as modificações do registo que são absolutamente essenciais.

▪ Testes: Para garantir que as principais alterações não resultam em problemas imprevistos, teste-as num ambiente controlado antes de as implementar num sistema de produção.

A manutenção da estabilidade, desempenho e segurança dos sistemas Windows requer uma compreensão e utilização adequada dos registos do registo. A gestão eficaz do registo baseia-se em técnicas de modificação cautelosas, protocolos de cópia de segurança adequados e monitorização de rotina.

CAPÍTULO 6

AMEAÇA PERSISTENTE AVANÇADA

A Ameaça Persistente Avançada é uma campanha de ciberataque sofisticada, sustentada e direcionada, levada a cabo por agentes de ameaça com recursos e altamente motivados, normalmente Estados-nação ou grupos patrocinados pelo Estado. Uma ameaça persistente avançada (APT) é um termo amplo utilizado para descrever uma campanha de ataque em que um intruso, ou uma equipa de intrusos, estabelece uma presença ilícita e de longa duração numa rede para extrair dados altamente sensíveis.

Os alvos destes ataques, que são cuidadosamente escolhidos e pesquisados, incluem normalmente grandes empresas ou redes governamentais. As consequências de tais intrusões são vastas e incluem:

- Roubo de propriedade intelectual (por exemplo, segredos comerciais ou patentes)
- Informação sensível comprometida (por exemplo, dados privados de funcionários e utilizadores)
- A sabotagem de infra-estruturas organizacionais críticas (por exemplo, eliminação de bases de dados)
- Total de aquisições de sítios

A execução de um ataque APT requer mais recursos do que um ataque normal a uma aplicação Web. Os perpetradores são geralmente equipas de cibercriminosos experientes com um apoio financeiro substancial. Alguns ataques APT são financiados pelo governo e utilizados como armas de guerra cibernética.

Os ataques APT diferem das ameaças tradicionais às aplicações Web, na medida em que:

- São bastante mais complexos.
- Não se trata de ataques de "bater e correr" - uma vez infiltrada uma rede, o perpetrador permanece para obter o máximo de informação possível. □ São executados manualmente (não automatizados) contra uma marca específica e lançados indiscriminadamente contra um grande conjunto de alvos.
- Muitas vezes, o seu objetivo é infiltrar-se em toda uma rede, em vez de numa parte específica.

Os ataques mais comuns, como a Inclusão Remota de Ficheiros (RFI), a Injeção de SQL e o Cross Site
Scripting (XSS), são frequentemente utilizados pelos perpetradores para estabelecer um ponto de apoio numa rede visada. De seguida, os cavalos de Troia e as backdoor shells são frequentemente utilizados para expandir esse ponto de apoio e criar uma presença persistente dentro do perímetro visado.

6.1 PROGRESSÃO DA AMEAÇA PERSISTENTE AVANÇADA (APT)

Um ataque APT bem sucedido pode ser dividido em três fases:

- Infiltração de rede
- Expansão da presença do atacante
- Extração de dados acumulados - tudo sem ser detectado.

Fase 1 - Infiltração

As empresas são normalmente infiltradas através do comprometimento de uma de três superfícies de ataque: activos da Web, recursos de rede ou utilizadores humanos autorizados.

Isto é conseguido através de carregamentos maliciosos (por exemplo, RFI, injeção de SQL) ou ataques de engenharia social (por exemplo, spear phishing) - ameaças enfrentadas regularmente por grandes organizações.

Além disso, os infiltrados podem executar simultaneamente um ataque DDOS contra o seu alvo. Isto serve como uma cortina de fumo para distrair o pessoal da rede e como um meio de enfraquecer o perímetro de segurança, facilitando a sua violação.

Uma vez obtido o acesso inicial, os atacantes instalam rapidamente um backdoor shell-malware que concede acesso à rede e permite operações remotas e furtivas. As backdoors também podem vir sob a forma de Trojans mascarados como peças legítimas de software.

Fase 2 - Expansão

Depois de estabelecido o ponto de apoio, os atacantes tentam alargar a sua presença na rede.

Isto implica subir na hierarquia de uma organização, comprometendo os membros da equipa com acesso aos dados mais sensíveis. Ao fazê-lo, conseguem reunir informações comerciais críticas, incluindo informações sobre linhas de produtos, dados de funcionários e registos financeiros.

Dependendo do objetivo final do ataque, os dados acumulados podem ser vendidos a uma empresa concorrente, alterados para sabotar a linha de produtos de uma empresa ou utilizados para derrubar uma organização inteira. Se o motivo for a sabotagem, esta fase é utilizada para obter subtilmente o controlo de várias funções críticas e manipulá-las numa sequência específica para causar o máximo de danos. Por exemplo, os atacantes podem apagar bases de dados inteiras numa empresa e depois interromper as comunicações de rede para prolongar o processo de recuperação.

Fase 3 - Extração

Enquanto um evento APT está em curso, as informações roubadas são normalmente armazenadas num local seguro dentro da rede que está a ser atacada. Depois de terem sido recolhidos dados suficientes, os ladrões têm de os extrair sem serem detectados.

Normalmente, são utilizadas tácticas de ruído branco para distrair a sua equipa de segurança, de modo a que a informação possa ser transferida. Isto pode assumir a forma de um ataque DDoS, mais uma vez amarrando o pessoal da rede e/ou enfraquecendo as defesas do site para facilitar a extração.

6.2 TÉCNICAS UTILIZADAS NOS ATAQUES APT

As Ameaças Persistentes Avançadas (APT) utilizam uma vasta gama de técnicas para levar a cabo as suas campanhas de ataque. Eis algumas técnicas comuns utilizadas pelos grupos APT:

1) **Técnicas de acesso inicial**:

* **Spear Phishing**: e-mails de phishing direcionados, muitas vezes com anexos maliciosos ou ligações a sites comprometidos.

* **Explorar** aplicações **viradas para o público**: Exploração de vulnerabilidades em aplicações Web, servidores de correio eletrónico ou outros sistemas que funcionem na Internet.

* **Compromisso da cadeia de fornecimento**: Comprometer cadeias de fornecimento de software ou hardware para distribuir código malicioso.

* **Relações de confiança**: Exploração de relações de confiança entre organizações ou indivíduos.

2. **Técnicas de execução**:

* **Execução pelo utilizador**: Enganar os utilizadores para que executem código malicioso através de engenharia social ou outros meios.

* **Ficheiro malicioso**: entrega e execução de cargas úteis de malware, como cavalos de Troia, backdoors ou ferramentas de acesso remoto (RATs).

* **Exploração para execução no cliente**: Exploração de vulnerabilidades no software do cliente para executar código.

3. **Técnicas de persistência**:

***Manipulação de** contas: Criação ou modificação de contas de utilizador para manter o acesso persistente.

***Início automático da execução durante o arranque ou o início de sessão**: Configuração do malware para ser executado automaticamente durante o arranque do sistema ou o início de sessão do utilizador.

*Criar **ou modificar o processo do sistema**: Criar ou modificar processos do sistema para manter um ponto de apoio no sistema.

4. **Técnicas de escalada de privilégios**:

* **Exploração para escalada de privilégios**: Exploração de vulnerabilidades para obter privilégios mais elevados ou direitos de sistema.

* **Injeção de processos**: Injetar código malicioso em processos legítimos para elevar os privilégios.

* **Hooking**: Hooking ou interceção de APIs ou chamadas de sistema para obter acesso não autorizado.

5. **Técnicas de evasão da defesa**:

* **Ficheiros ou informações ofuscados**: Utilização de ofuscação, encriptação ou empacotamento para ocultar código ou dados maliciosos.

* **Mascaramento**: Disfarçar o malware como software legítimo ou utilizar nomes e extensões de ficheiros benignos.

* **Desativação de ferramentas de segurança**: Desativação ou adulteração de produtos de segurança, como antivírus ou firewalls.

6. **Técnicas de acesso a credenciais**:

* **Força bruta**: Utilização de ataques de força bruta para adivinhar credenciais.

* **Dumping de credenciais**: Extrair credenciais da memória, do registo ou de outras fontes.

* **Credenciais não seguras**: Obtenção de credenciais armazenadas em texto simples ou em locais pouco seguros.

7. **Técnicas de descoberta**:

* **Descoberta de contas**: Enumerar e identificar contas de utilizador em sistemas ou domínios.

* **Sniffing de rede**: Capturar e analisar o tráfego de rede para recolher informações.

* **Descoberta de informações do sistema**: Recolha de detalhes de configuração do sistema, versões de software e outros dados do sistema.

8. **Técnicas de deslocação lateral**:

* **Serviços remotos**: Utilizar protocolos de ambiente de trabalho remoto, SSH ou outros serviços remotos para se deslocar lateralmente.

* **Exploração de serviços remotos**: Exploração de vulnerabilidades em serviços remotos para obter acesso a outros sistemas.

* **Passar o Hash**: Utilizar hashes de palavra-passe capturados para autenticar e mover-se lateralmente.

9. **Técnicas de recolha**:

* **Dados do sistema local**: Recolha de dados do sistema local comprometido, tais como ficheiros, registos ou despejos de memória.

* **Dados de suportes amovíveis**: Ex-filtração de dados de suportes amovíveis como unidades USB ou discos rígidos externos.

* **Recolha de correio eletrónico**: Recolha de dados de correio eletrónico a partir de servidores ou contas de correio eletrónico comprometidos.

10. **Técnicas de comando e controlo (C2)**:

* **Codificação de dados**: Codificação de dados para contornar controlos de segurança ou ocultar canais de comunicação.

* **Porta comumente usada**: Utilização de portas comuns como HTTP, HTTPS ou DNS para comunicações C2.

* **Proxy Multi-hop**: Utilização de múltiplos proxies ou hops para ocultar a verdadeira infraestrutura C2.

6.3 METODOLOGIA DE **ATAQUE APT**

Uma APT pode ser descrita como uma invasão, a análise da rede, a identificação do alvo, a sua acessibilidade para atingir o objetivo e, finalmente, a fuga da rede sem deixar quaisquer vestígios ou provas. Estes passos são categorizados como: Compromisso inicial, Estabelecer uma base de apoio, Escalar privilégios, Reconhecimento interno, Mover-se lateralmente, Manter a presença, Completar a missão.

1) Exploração:

O primeiro passo para efetuar um ataque APT consiste em conhecer o alvo, recolher o máximo de informações possível sobre o alvo, de modo a que possam ser utilizadas diferentes lacunas e explorações com efeito. Este passo pode ser efectuado utilizando técnicas de engenharia social, ferramentas de inteligência de fonte aberta (OSINT) ou abordando uma organização que venda dados ou informações sobre empresas multinacionais. Atualmente, existem inúmeras organizações que fornecem uma grande variedade de dados sobre outras organizações, incluindo informações sobre hardware de TI, aplicações de segurança utilizadas ou mesmo dados pessoais dos funcionários. Por outras palavras, o primeiro passo da recolha de informações pode ser realizado de várias formas. Definir uma linha de base de segurança ou um modelo para impedir o ataque inicial é um desafio e tanto. Como há inúmeras maneiras de conduzir a etapa inicial de infiltração. Tendo em conta a abordagem persistente da APT, é apenas uma questão de tempo para um atacante encontrar uma lacuna no mecanismo de segurança.

2) Infiltrar-se ou invadir:

Esta fase consiste em explorar o ponto fraco e obter acesso à rede alvo. Pode haver duas maneiras de se infiltrar numa rede: uma é direta e a outra é indireta. Na abordagem direta, um hacker pode comprometer qualquer terceiro que trabalhe na organização e utilizar o privilégio para obter acesso a qualquer sistema ou servidor. Na abordagem indireta, os hackers utilizam técnicas como o spear phishing, o ataque watering hole ou o vírus de dia zero para se infiltrarem e utilizarem qualquer ferramenta de acesso remoto para outras actividades. As abordagens muito comuns para a infiltração incluem a utilização de correio eletrónico [8]; o utilizador visado recebe uma ligação por correio eletrónico de uma pessoa ou fonte fiável. O utilizador visita o sítio Web da hiperligação que contém um payload JavaScript malicioso; o navegador descarrega e executa o JavaScript malicioso, que contém um exploit do Internet Explorer de dia zero incorporado. Outra abordagem mais comum é enviar um anexo na mensagem de correio eletrónico, presumindo que provém de uma fonte fiável [9]. Esses anexos podem parecer um PDF ou um ficheiro de imagem, mas podem incluir código de ataque de dia zero destinado a explorar qualquer vulnerabilidade anterior não identificada no sistema. Ambos os métodos acima referidos podem ser classificados como abordagem indireta, sendo a abordagem direta mais comum quando um USB é ligado a um sistema. Quando um USB infetado é ligado a um sistema baseado em janelas, o malware é executado automaticamente sem interação do utilizador, utilizando uma vulnerabilidade de dia zero (em alguns casos, utilizando uma técnica autorun.inf modificada). Este tipo de malware foi concebido para tentar utilizar as vulnerabilidades Windows Server Service (MS08-067) ou Print Spooler Zero-Day (MS10-061) para explorar qualquer sistema baseado em Windows acessível através da rede e tentar adquirir privilégios de utilizador mais elevados, utilizando MS10-073 e MS10-092 [10].

3) Identificação do objetivo:

Nesta fase, o atacante tenta procurar e identificar os dados do alvo. Durante esta fase, as probabilidades de ser apanhado são bastante elevadas, uma vez que o atacante estará a analisar a rede em busca do seu alvo. Isto pode resultar num comportamento anormal do tráfego, na invasão de ficheiros de dados ou em violações de acesso à rede.

4) Roubar a informação:

Uma vez identificado o alvo na rede, o atacante tem de o tornar acessível ou adquirir os direitos adequados para aceder a esses dados específicos. Nalguns casos, os kits de raiz podem ser instalados secretamente nos sistemas visados e nos pontos de acesso à rede para monitorizar ou capturar dados e comandos à medida que estes circulam pela rede. Essas informações capturadas através da rede podem ser utilizadas para dar aos invasores as informações de que necessitam para planear os próximos ataques ou para tornar acessíveis os dados visados. Ser persistente é também uma caraterística fundamental para que esta etapa seja bem sucedida.

5) Fugir da rede:

Como todos os grandes ladrões, assaltantes e hackers, o ato final desempenha um papel muito importante. Assim que o alvo desejado é atingido ou os dados são adquiridos, o infiltrador deve escapar e cobrir os rastos, para que seja mais difícil identificar o atacante e detetar os danos causados. Nalguns casos, o atacante utiliza a APT para obter acesso a longo prazo ou para criar uma porta traseira que permita aceder à rede sempre que necessário. Nestes casos, os atacantes conseguiram manter o acesso à backdoor durante 660 dias. Os dados roubados podem ser canalizados através de webmails envoltos em pacotes encriptados ou meios semelhantes.

6.4 CENÁRIO DE ATAQUE

1. Reconhecimento:

O grupo APT efectua um reconhecimento exaustivo da organização alvo, recolhendo informações sobre a sua infraestrutura, funcionários e potenciais vectores de ataque. Isto pode envolver técnicas como a recolha de informações de fonte aberta (OSINT), engenharia social e análise de redes.

2. Acesso inicial:

Com base nas informações de reconhecimento, o grupo APT identifica uma aplicação vulnerável na Internet ou um funcionário suscetível a ataques de spear-phishing. Exploram a vulnerabilidade ou entregam um anexo ou uma ligação maliciosa através de um e-mail de phishing cuidadosamente elaborado, estabelecendo uma posição inicial na rede da organização alvo.

3. Estabelecer uma base de apoio:

Uma vez obtido o acesso inicial, o grupo APT fornece malware adicional, como uma backdoor ou uma ferramenta de acesso remoto (RAT), para manter o acesso persistente e facilitar operações futuras. Podem também utilizar técnicas como o carregamento lateral de DLL ou a injeção de processos para evitar a deteção e elevar os privilégios.

4. Escalada de privilégios:

O grupo APT tenta aumentar os seus privilégios no sistema comprometido através da exploração de vulnerabilidades ou da utilização de credenciais roubadas. Isto permite-lhes aceder a dados sensíveis, mover-se lateralmente dentro da rede e obter níveis mais elevados de controlo sobre o ambiente alvo.

5. Movimento lateral:

Utilizando os privilégios elevados e as credenciais roubadas, o grupo APT desloca-se lateralmente pela rede, comprometendo sistemas e contas adicionais. Podem utilizar técnicas como Pass-theHash, exploração do Protocolo de Ambiente de Trabalho Remoto (RDP) ou exploração de vulnerabilidades em serviços de rede para se espalharem pela organização.

6. Reconhecimento interno:

À medida que o grupo APT estabelece uma presença mais alargada no ambiente alvo, efectua um reconhecimento interno para identificar bens de elevado valor, repositórios de dados sensíveis e potenciais vias para a exfiltração de dados. Isto pode envolver a deteção de redes, a enumeração de sistemas e o mapeamento da topologia da rede interna.

7. Recolha e exfiltração de dados:

O grupo APT recolhe dados sensíveis, propriedade intelectual ou outras informações valiosas dos sistemas comprometidos. Podem utilizar várias técnicas para comprimir, encriptar e preparar os dados para exfiltração. O processo de exfiltração pode envolver o estabelecimento de canais de comunicação encobertos, como a utilização de túneis do Sistema de Nomes de Domínio (DNS) ou tráfego Web encriptado, para transferir os dados para fora da rede alvo.

8. Manter a presença:

Para garantir o acesso e a persistência a longo prazo, o grupo APT pode implantar malware adicional, estabelecer uma infraestrutura redundante de comando e controlo (C2) e implementar mecanismos de backup para manter a sua posição no ambiente alvo.

9. Faixas de capa:

O grupo APT emprega técnicas para encobrir os seus rastos e evitar a deteção, como a modificação ou eliminação de registos, a utilização de ofuscação ou encriptação de ficheiros e a implementação de capacidades de rootkit para esconder a sua presença das ferramentas de segurança.

10. Operações em curso:

O grupo APT pode continuar a conduzir operações contínuas no ambiente alvo, potencialmente aproveitando a infraestrutura comprometida para ataques adicionais, roubo de dados ou acções disruptivas alinhadas com os seus objectivos estratégicos.

Este cenário ilustra a natureza metódica e persistente dos ataques APT, envolvendo várias fases e uma variedade de técnicas adaptadas à organização alvo e aos objectivos dos agentes da ameaça. Uma defesa eficaz contra estes ataques requer uma abordagem de segurança em camadas, monitorização contínua e uma capacidade robusta de resposta a incidentes e análise forense.

6.5 MEDIDAS DE SEGURANÇA CONTRA AMEAÇAS PERSISTENTES AVANÇADAS

A deteção e a proteção adequadas das APT requerem uma abordagem multifacetada por parte dos administradores de rede, dos fornecedores de segurança e dos utilizadores individuais.

Monitorização do tráfego

A monitorização do tráfego de entrada e saída é considerada a melhor prática para impedir a instalação de backdoors e bloquear a extração de dados roubados. Inspecionar o tráfego dentro do perímetro da rede também pode ajudar a alertar o pessoal de segurança para qualquer comportamento invulgar que possa apontar para actividades maliciosas.

Uma firewall de aplicação Web (WAF) implantada na extremidade da sua rede filtra o tráfego para os seus servidores de aplicações Web, protegendo assim uma das suas superfícies de ataque mais vulneráveis. Entre outras funções, uma WAF pode ajudar a eliminar os ataques da camada de aplicação, como os ataques de injeção RFI e SQL, normalmente utilizados durante a fase de infiltração APT.

Os serviços de monitorização do tráfego interno, como as firewalls de rede, são o outro lado desta equação. Podem fornecer uma visão granular que mostra a forma como os utilizadores estão a interagir na sua rede, ao mesmo tempo que ajudam a identificar anomalias no tráfego interno (por exemplo, inícios de sessão irregulares ou transferências de dados invulgarmente grandes). Estas últimas podem indicar que está a ocorrer um ataque APT. Também é possível monitorizar o acesso a partilhas de ficheiros ou honey-pots do sistema.

Por último, os serviços de monitorização do tráfego de entrada podem ser úteis para detetar e remover shells backdoor. Estes podem ser identificados através da interceção de pedidos remotos dos operadores.

Lista branca de aplicações e domínios

A lista branca é uma forma de controlar os domínios que podem ser acedidos a partir da sua rede, bem como as aplicações que podem ser instaladas pelos seus utilizadores. Este é outro método útil para reduzir a taxa de sucesso dos ataques APT, minimizando as superfícies de ataque disponíveis.

No entanto, esta medida de segurança está longe de ser infalível, uma vez que até os domínios mais fiáveis podem ser comprometidos. Sabe-se também que os ficheiros maliciosos chegam normalmente sob o disfarce de software legítimo. Além disso, as versões mais antigas de produtos de software são susceptíveis de serem comprometidas e exploradas.

Para uma lista branca eficaz, devem ser aplicadas políticas de atualização rigorosas para garantir que os seus utilizadores estão sempre a executar a versão mais recente de qualquer aplicação que apareça na lista.

Controlo de acesso

Para os criminosos, os seus empregados representam normalmente o maior e mais vulnerável ponto fraco do seu perímetro de segurança. Na maioria das vezes, é por esta razão que os utilizadores da sua rede são vistos pelos intrusos como uma porta de entrada fácil para se infiltrarem nas suas defesas, enquanto expandem o seu domínio dentro do seu perímetro de segurança.

Neste caso, os alvos prováveis enquadram-se numa das três categorias seguintes:

- Utilizadores descuidados que ignoram as políticas de segurança da rede e, sem saber, concedem acesso a potenciais ameaças.
- Pessoas internas mal-intencionadas que abusam intencionalmente das suas credenciais de utilizador para conceder acesso ao perpetrador.
- Utilizadores comprometidos cujos privilégios de acesso à rede são comprometidos e utilizados por atacantes.

O desenvolvimento de controlos eficazes requer uma análise exaustiva de todas as pessoas na sua organização - especialmente da informação a que têm acesso. Por exemplo, a classificação dos dados com base na necessidade de conhecimento ajuda a bloquear a capacidade de um intruso de se apoderar das credenciais de início de sessão de um funcionário de baixo nível, utilizando-as para aceder a materiais sensíveis.

Os principais pontos de acesso à rede devem ser protegidos com autenticação de dois factores (2FA). Esta requer que os utilizadores utilizem uma segunda forma de verificação quando acedem a áreas sensíveis (normalmente um código de acesso enviado para o dispositivo móvel do utilizador). Isto evita que actores não autorizados disfarçados de utilizadores legítimos se desloquem na sua rede.

Medidas adicionais

Para além das medidas acima referidas, estas são medidas de boas práticas a adotar para proteger a sua rede:

• Corrigir as vulnerabilidades do software de rede e do sistema operativo o mais rapidamente possível.
• Encriptação de ligações remotas para evitar que os intrusos as utilizem para se infiltrarem no seu sítio.
• Filtragem de e-mails recebidos para evitar ataques de spam e phishing dirigidos à sua rede.
• Registo imediato de eventos de segurança para ajudar a melhorar as listas brancas e outras políticas de segurança.

Uma estratégia eficaz de proteção contra APT requer uma combinação de medidas de segurança para proteger cada parte do seu perímetro.

• WEB APPLICATION FIREWALL- O nosso serviço compatível com PCI DSS é uma solução de segurança de nível empresarial que monitoriza o tráfego Web de entrada e bloqueia todas as tentativas de pirataria na extremidade da sua rede. O WAF é oferecido como um serviço gerido com base na nuvem e é mantido por uma equipa de especialistas. A solução é fornecida com um motor de regras personalizado que pode ser utilizado para controlo de acesso e aplicação de políticas de segurança específicas para cada caso.
• PROTECÇÃO DE BACKDOOR - Uma funcionalidade WAF que adopta uma nova abordagem à deteção de backdoor. Em vez de procurar ficheiros suspeitos, que muitas vezes estão cuidadosamente disfarçados, enquanto inspecciona o tráfego para um servidor Web, este serviço intercepta tentativas de interação com o shell para revelar a sua localização.
• TWO FACTOR AUTHENTICATION - Uma solução de controlo de acesso flexível que permite implementar um gateway 2FA em qualquer endereço URL, com o clique de um botão. O serviço também permite uma gestão fácil dos privilégios de acesso e pode ser integrado em qualquer ambiente Web.

PROTECÇÃO DDOS - Um serviço que atenua todos os ataques à aplicação e à camada de rede, incluindo os ataques de ruído branco utilizados para distrair o pessoal de segurança e enfraquecer o perímetro da rede.

REFERÊNCIAS

1. Casey, E. (2011) Digital Evidence and Computer Crime: Forensic Science, Computers and the Internet, terceira edição, Academic Press. 2
2. UNCLASSIFIED UNCLASSIFIED DSTO-GD-0770 2. Mukasey, M. B., Sedgwick, J. L. & Hagy, D. W. (2008) Electronic crime scene investigation: A guide for first responders, segunda edição, Innovation 2011(2), 93. URL - http://www. ojp.usdoj.gov/nij/pubs-sum/219941.htm.
3. Instituto Nacional de Justiça (2009) Electronic Crime Scene Investigation: An On-the-scene Reference for First Responders, Departamento de Justiça dos EUA.
4. Instituto Nacional de Normalização e Tecnologia (2009) National Institute of Standards and Technology: O projeto CFReDS, http://www.cfreds.nist.gov/. Acedido: 16/02/2012.
5. Shipley, T. G. & Reeve, H. R. (2006) Collecting Evidence from a Running Computer: A Technical and Legal Primer for the Justice Community, Relatório técnico.
6. Farmer, D. & Venema, W. (2005) Forensic Discovery, Addison-Wesley professional computing series, Addison-Wesley.
7. Vömel, S. & Freiling, F. C. (2011) A survey of main memory acquisition and analysis techniques for the windows operating system, Digital Investigation
8. (1), 3-22. 8. Mrdovic, S., Huseinovic, A. & Zajko, E. (2009) Combining static and live digital forensic analysis in virtual environment, in Information, Communication and Automation Technologies, 2009. ICAT 2009. XXII International Symposium on, pp. 1 -6.
9. Riley, J., Dampier, D. & Vaughn, R. (2008) Time analysis of hard drive imaging tools, in Advances in Digital Forensics IV, Vol. 285 da IFIP International Federation for Information Processing, Springer Boston, pp. 335-344.
10. Casey, E., Fellowsb, G., Geigerc, M. & Stellatos, G. (2011) The growing impact of full disk encryption on digital forensics, Digital Investigation 8(2), 129-134.
11. Lim, K.-S., Savoldi, A., Lee, C. & Lee, S. (2012) On-the-spot digital investigation by means of ldfs: Live data forensic system, Mathematical and Computer Modelling 55(1-2), 223 - 240.
12. Sharif, M., Lanzi, A., Giffin, J. & Lee, W. (2009) Automatic reverse engineering of malware emulators, em Security and Privacy, 2009 30th IEEE Symposium on, pp. 94 -109.
13. Aljaedi, A., Lindskog, D., Zavarsky, P., Ruhl, R. & Almari, F. (2011) Comparative analysis of volatile memory forensics: Live response vs. memory imaging, em Privacy, Security, Risk and Trust (PASSAT), 2011 IEEE Third International Conference on and 2011 IEEE Third International Conference on Social Computing (SocialCom), pp. 1253 -1258.
14. Burdach, M. (2006) Finding digital evidence in physical memory, na Conferência Federal Black Hat, Sheraton Crystal City. Washington DC.
15. XForce ISS (2003) Propagação do Worm SQL Slammer, http://xforce.iss.net/xforce/xfdb/11153. Acedido em: 23/02/2012.
16. Carrier, B. D. & Grand, J. (2004) A hardware-based memory acquisition procedure for digital investigations, Digital Investigation 1(1), 50 - 60. URL - http://www.sciencedirect. com/science/article/pii/S1742287603000021.

17. Okolicia, J. & Peterson, G. L. (2011) Extrair a área de transferência do Windows da memória física, Digital Investigation 8(SUPPL.), S118-S124. NÃO CLASSIFICADO 23 DSTO-GD-0770 NÃO CLASSIFICADO
18. Zhang, L., Zhang, D. & Wang, L. (2010) Live digital forensics in a virtual machine, em Computer Application and System Modeling (ICCASM), 2010 International Conference on, Vol. 4, pp. V4-328 -V4-332.
19. Betz, C. (2005) memparser, http://www.dfrws.org/2005/challenge/memparser.shtml. Acedido em: 27/02/2012.
20. Garner, G. M. (2005) kntlist, http://www.dfrws.org/2005/challenge/kntlist.shtml. Acedido em: 27/02/2012.
21. Schuster, A. (2006) Searching for processes and threads in microsoft windows memory dumps, Digital Investigation 3, Supplement(0), 10 - 16. Actas do 6º Workshop Anual de Investigação Forense Digital (DFRWS '06).
22. Okolicia, J. & Peterson, G. L. (2010) Análise de memória agnóstica dos sistemas operativos Windows, Digital Investigation 7, Supplement(0), S48 - S56. Actas da Décima Conferência Anual do DFRWS.
23. Russinovich, M. E., Solomon, D. A. & Ionescu, A. (2009) Windows Internals, quinta edição, Microsoft Press.
24. Intel Corporation (2011) Intel 64 and IA-32 Architectures Software Developer's Manual, http://www.intel.com/content/www/us/en/architecture-and-technology/ 64-ia-32-architectures-software-developer-vol-3a-3b_system-programming-manual.html. Acedido em: 28/02/2012.
25. Chow, J., Pfaff, B., Garfinkel, T. & Rosenblum, M. (2005) Shredding your garbage: reducing data lifetime through secure deallocation, in Proceedings of the 14th conference on USENIX Security Symposium - Volume 14, USENIX Association, Berkeley, CA, USA, pp. 22-22. URL - http://dl.acm.org/citation.cfm?id=1251398.1251420.
26. Microsoft (2012) EPROCESS, http://msdn.microsoft.com/en-us/library/windows/hardware/. Acedido: 06/03/2012.
27. Schatz, B. (2007) Bodysnatcher: Towards reliable volatile memory acquisition by software, Digital Investigation 4, Supplement(0), 126 - 134. URL - http://www.sciencedirect.com/science/article/pii/S1742287607000497.
28. Anderson, M., North, C. & Yiu, K. (2012) Towards countering the rise of the Silicon Trojan, Organização de Ciência e Tecnologia da Defesa, DSTO-TR-2220.
29. Becher, M., Dornseif, M. & Klein, C. N. (2005) Firewire - all your memory are belong to us, in CanSecWest Applied Security Conference.
30. Boileau, A. (2006) Hit by a bus: Ataques de acesso físico com firewire, em RuxCon.
31. Vidstrom, A. (2006) Memory dumping over FireWire - UMA issues, http://ntsecurity.nu/onmymind/2006/2006-09-02.html. Acedido: 14/03/2012.
32. Smith, J. E. & Nair, R. (2005) The architecture of virtual machines, Computer 38(5), 32 - 38.
33. Vidstrom, A. (2002) PMDump, http://ntsecurity.nu/toolbox/pmdump/. Acedido: 16/03/2012. 24 NÃO CLASSIFICADO NÃO CLASSIFICADO DSTO-GD-0770
34. Halderman, J. A., Schoen, S. D., Heninger, N., Clarkson, W., Paul, W., Calandrino, J. A., Feldman, A. J., Appelbaum, J. & Felten, E. W. (2009) Lest we remember: cold-boot

attacks on encryption keys, Commun. ACM 52(5), 91-98. URL - http://doi.acm.org/10.1145 /1506409.1506429.
35. Vidas, T. (2010) Volatile memory acquisition via warm boot memory survivability, em 2010 43rd Hawaii International Conference on System Sciences (HICSS), pp. 1 -6.
36. Beebe, N. L. & Clark, J. G. (2007) Digital forensic text string searching: Improving information retrieval effectiveness by thematically clustering search results, Digital Investigation 4, Supplement(0), 49 - 54. URL - http://www.sciencedirect.com/science/ article/pii/S1742287607000412.
37. Hoglund, G. (2008) The value of physical memory for incident response, http://www.google.com.au/url?sa=t&rct=j&q=hoglund%20g%20the% 20value%20of%20physical%20memory%20for%20incident%20response&source= web&cd=1&ved=0CCUQFjAA&url=http%3A%2F%2Fwww.hbgary.com% 2Fattachments%2Fthe-value-of-physical-memory-for-incident-response.pdf&ei= tipxT--YFo3NmAXGl9HGDw&usg=AFQjCNFJ2DqhQEm3sq8W8UIvoechkPrbMw&cad= rja. Acedido em: 27/03/2012.
38. Walters, A. & Petroni, N. L. (2007) Volatools: Integrando a análise forense de memória volátil no processo de investigação digital, em Black Hat DC.
39. Y. Zhou, M. Han, L. Liu, J. S. He e Y. Wang, "Abordagem de aprendizagem profunda para a deteção de ciberataques", 2018, doi: 10.1109/INFCOMW.2018.8407032.
40. R. J. Mcdown, C. Varol, L. Carvajal e L. Chen, "In-Depth Analysis of Computer Memory Acquisition Software for Forensic Purposes," J. Forensic Sci., 2016, doi: 10.1111/1556-4029.12979.
41. G. Austin, "Restraint and Governance in Cyberspace", em Global Insecurity, 2017.
42. Y. Zhang, Q. Z. Liu, T. Li, L. H. Wu e C. Shi, "Investigação e desenvolvimento da análise forense da memória", Ruan Jian Xue Bao/Journal of Software. 2015, doi: 10.13328/j.cnki.jos.004821.
43. A. Shaaban e N. Abdelbaki, "Estudo comparativo de técnicas de análise forense digital", 2018, doi: 10.1016/j.procs.2018.10.128.
44. A. Case e G. G. Richard, "Memory forensics: The path forward", Digit. Investig., 2017, doi: 10.1016/j.diin.2016.12.004.
45. Y. Cheng, X. Fu, X. Du, B. Luo e M. Guizani, "Uma abordagem forense leve de memória ao vivo baseada na virtualização de hardware", Inf. Sci. (Ny)., 2017, doi: 10.1016/j.ins.2016.07.019.
46. A. Barakat e A. Hadi, "Windows forensic investigations using powerforensics tool," 2016, doi: 10.1109/CCC.2016.18.
47. F. Block e A. Dewald, "Linux memory forensics: Dissecando o heap do processo do espaço do usuário", 2017, doi: 10.1016/j.diin.2017.06.002.
48. [10] S. Hazra e P. Mateti, "Challenges in Android Forensics," 2017, doi: 10.1007/978-981-10-6898-0_24

MIX
Papier aus verantwortungsvollen Quellen
Paper from responsible sources
FSC® C105338

Printed by Books on Demand GmbH, Norderstedt / Germany